SUR UN AIR DE MOZART

Flore Talamon

Nathan

Heureux l'homme qui prend
Tout du bon côté,
Et qui à travers les dangers et les épreuves
Laisse la raison le guider.
Ce qui d'habitude fait pleurer les autres,
Il parvient à en rire,
Et au cœur des tourbillons du monde,
Il saura trouver le calme.
(Così fan tutte)

CHAPITRE 1
Air du trio Schweizer

Dans un appartement de Vienne, Rauhensteingasse, début novembre 1790.

– Papa, le souper est servi, annonça Viki en se postant face à son père. Dis, tu l'as trouvée ? ajouta-t-elle avec anxiété.

Anton Schweizer, posé sur une des bergères du salon, avait déchaussé ses bottes trempées et réchauffait ses pieds devant un feu crépitant. Il sembla ne point entendre la fillette.

– Alors, papa, reprit Viki sans pouvoir cacher son impatience, tu as pu aller chez le marchand d'art ?

– Laisse-moi donc souffler, gronda l'homme sans la regarder, et apporte-moi mes chaussons fourrés. J'ai les pieds gelés.

Le subit redoux intervenu dans la journée, après deux jours de neige, avait transformé les rues de Vienne en autant de ruisselets glacés. Comprenant qu'il ne fallait pas irriter davantage son père, Viki s'exécuta à la hâte. Quand elle lui rapporta ses chaussons, celui-ci leva enfin son regard vers sa fille. Ces boucles noires, ces grands yeux sombres à l'expression facilement mélancolique, cette bouche dessinée en cœur… Une fugitive mais irrépressible émotion le traversa : sous les traits de Viki, sa femme Carolina ressurgissait parfois avec une force qui balayait les années écoulées depuis sa disparition. Il repoussa cette vision ; sa défunte épouse appartenait au passé, un passé qu'il chérissait mais sur lequel il allait bientôt fermer définitivement une porte.

– Comment, Viki, tu ne m'embrasses pas, ce soir ? dit-il afin de dissimuler son trouble.

La frêle fillette se jeta dans les bras de son père et l'étreignit avec vigueur.

– Eh bien, mon lièvre, tu es sacrément efficace, comme bouillotte ! murmura-t-il avec tendresse. Et Luisa ? Est-elle rentrée ?

– Non seulement elle est rentrée, mais elle commence à s'impatienter ! répliqua une voix goguenarde.

À ces mots, Anton Schweizer leva les yeux vers sa fille aînée, aussi rose et blonde que Viki était brune, qui les contemplait, les bras croisés et le regard moqueur, du seuil de la salle à manger. Ce n'était pas encore une femme, comme en témoignaient la sveltesse de son corps et les courbes toujours tendres de son visage. Mais le soin qu'elle avait apporté à sa coiffure, deux tresses savamment enroulées derrière les oreilles, et les discrets bijoux qu'elle portait au cou et aux poignets témoignaient de son aspiration à le devenir.

Tous trois se dirigèrent vers la table de la salle à manger, où une soupière exhalant un délicieux fumet de choux et de lardons trônait sur la nappe blanche. Après avoir dit un bénédicité, ils entamèrent le repas.

– Une fois de plus, Gertrud a fait des merveilles, soupira Anton Schweizer après quelques cuillerées.

– Tu as l'air soucieux, papa, remarqua alors Luisa. Y a-t-il des problèmes à la cour ?

– Oui, je ne te le cache pas. Nos provinces des Pays-Bas et de la Hongrie, toujours promptes à s'enflammer, sont gagnées par les idées révolutionnaires venues de France. Il faudrait y envoyer nos troupes…

– Et pourquoi ne pas le faire ?

– La vérité, c'est que la guerre contre les Turcs accapare toutes nos forces, répondit-il en accompagnant ses mots d'un geste d'impuissance. Et que les caisses de l'Empire sont vides !

Tandis que la cuisinière, Gertrud, entrait pour débarrasser les assiettes à soupe, Anton Schweizer fit tourner le vin de Bohême dans son verre d'un air songeur. Luisa et Viki échangèrent un regard entendu : il fallait à tout prix dérider leur père, qui, ces temps-ci, revenait particulièrement abattu de ses journées de travail à la chancellerie[1].

– Papa, sais-tu qu'aujourd'hui le *Kapellmeister*[2] Mozart a emménagé dans la Petite Maison impériale[3] ? lança Viki.

– À côté ? Comment le sais-tu ? demanda le fonctionnaire avec intérêt.

– Sa voiture a encombré la rue pendant un bon moment et tous les voisins ne parlaient que de ça !

– Moi, déclara Luisa, je suis vraiment impatiente de voir à quoi M. Mozart ressemble. J'ai tellement aimé son opéra *Così fan tutte* !

Une expression inspirée sur le visage, elle se mit à chanter :

---

1. Organe de la monarchie autrichienne chargé des relations avec les puissances étrangères.
2. « Maître de chapelle », en français. C'est un titre prestigieux que Wolfgang Amadeus Mozart n'a jamais obtenu, mais que ses contemporains utilisaient pour le désigner, tant son renom était grand.
3. Les Autrichiens donnaient souvent un nom aux maisons.

– « *Suave sia il vento, tranquilla sia l'onda, ed ogni elemento benigno risponda ai nostri desir*[1]. »

Sa voix douce, bien posée, rendait si fidèlement la caresse de la mélodie que le charme perdura quelques instants après la fin de son chant. Anton Schweizer rompit enfin le silence :

– Tu risques d'être déçue : il n'est pas ce que j'appellerais un bel homme.

– Tu le connais ? s'écrièrent Luisa et Viki en chœur.

– Connaître, c'est beaucoup dire, mais je l'ai croisé à de nombreuses reprises, à la cour ou lors de ses concerts, ici et là. Mon souvenir le plus ancien remonte aux débuts de ma carrière, il y a près de trente ans. J'ai été introduit à Schönbrunn[2] le jour où Sa Majesté Marie-Thérèse recevait les enfants Mozart. J'ai eu la chance d'assister à leur prestation au clavecin. La fille aînée était fort douée, mais le jeune Wolfgang, à peine âgé de six ans, était tout simplement époustouflant de virtuosité. Imaginez un petit bonhomme, si petit que ses pieds pendouillaient sous le fauteuil, se jouant de toutes les difficultés et

1. « Suave soit le vent, tranquille soit l'onde, et que tous les éléments apaisés répondent à nos désirs. »
2. Résidence d'été de la famille impériale.

pas le moins du monde incommodé par le drap que l'on posa sur le clavier pour l'embarrasser !

En entendant cela, Luisa se leva et, agrippant sa sœur par le bras, tenta de la tirer vers le pianoforte[1] installé dans le salon.

– Chez les Schweizer aussi, il y a des prodiges ! s'exclama-t-elle. Allez, Viki, montre à papa ce que tu sais faire ! Si le *Kapellmeister* Mozart jouait à l'aveugle à six ans, tu dois bien y arriver à douze !

– Arrête de te moquer de moi, Luisa ! protesta Viki, tout en se débattant. Vas-y, toi, si tu en as envie !

– N'es-tu pas la pianiste de la famille ? rétorqua Luisa avec une grimace. Moi, je ne suis qu'une modeste flûtiste…

Anton Schweizer regarda ses filles se chamailler avec un regard indulgent. Luisa, malgré ses seize ans, ne manquait jamais une occasion de retomber en enfance, surtout en présence de sa sœur.

– À l'époque, dit-il pour mettre fin à leur querelle, les Mozart habitaient à Salzbourg, et je n'ai revu Wolfgang que six ans après, au cours d'une soirée privée où il joua au clavecin les airs d'un opéra qu'il avait composé, *La finta semplice*.

---

1. Piano de la fin du XVIIIe et du début du XIXe siècle.

– À douze ans, il avait composé un opéra !

– Oui, mais son père devait mal juger de ses appuis à Vienne, car, contrairement à ses attentes, jamais il n'obtint que l'œuvre de son fils soit interprétée au Burgtheater[1]. Quelle déception ce dut être pour cet enfant ! Enfin, il ne resta guère longtemps sur cet échec, car je sais que peu après il présenta un nouvel opéra, *Bastien et Bastienne*.

Un silence respectueux ponctua ces mots. Chacun d'eux, en musicien, évaluait la somme de travail nécessaire pour créer un opéra. Non seulement fallait-il écrire la musique de l'ensemble des voix, mais aussi celle de la dizaine d'instruments constituant l'orchestre ! Ce fut la cuisinière qui, en entrant pour apporter le mets suivant, rompit la solennité du moment.

– Hum… fit Anton Schweizer en suivant du regard la trajectoire du plat fumant. Laissez-moi deviner, Gertrud, ce que vous m'avez concocté là… Un *Tafelspitz*[2], grand Dieu ! Savez-vous que mon collègue Bendorf ne s'est toujours pas remis de son

1. Théâtre de Vienne présentant un répertoire de pièces et opéras en allemand.
2. Rôti de bœuf accompagné de petits légumes et d'une sauce aux pommes et au raifort.

souper à cette table : il continue à manœuvrer pour vous prendre à son service !

La domestique baissa les yeux avec modestie, mais ne put retenir un sourire de fierté qui laissa filtrer toute la vénération qu'elle vouait au maître de maison. Quand elle eut disparu, celui-ci reprit :

– Après ces deux occasions, je n'ai revu Mozart qu'en 81, lorsqu'il a quitté Salzbourg pour s'installer à Vienne. On ne parlait alors en ville que de sa démission de son poste de *Konzertmeister*[1]. Pourquoi a-t-il abandonné cet emploi sûr et respectable auprès du prince-archevêque de Salzbourg, cela reste un mystère pour moi.

– Pourquoi ? s'écria soudain Luisa, sur un ton qui avait perdu toute nuance de plaisanterie. Moi, j'en ai une idée plus que précise : crois-tu que des artistes comme M. Mozart soient destinés à écrire de la musique de commande ? À obéir à des claquements de doigts ? À porter, comme des laquais, la livrée d'un maître et à dîner avec ses domestiques ? Non, ils veulent composer la musique de leur choix !

Anton Schweizer regarda avec stupéfaction sa fille, rouge de colère et à moitié relevée de sa chaise.

---

1. « Maître de concert », en français.

– Ça alors ! finit-il par s'exclamer. À t'écouter, on en oublierait presque que tu n'es qu'une oiselle qui ne connaît rien à la vie ! Dois-je te rappeler que sans les princes pour les faire vivre, tout talentueux qu'ils soient, les musiciens en seraient réduits à faire l'aumône sur le parvis des églises ?

– Certains d'entre eux parviennent à exercer leur art en toute liberté ! répondit Luisa du tac au tac.

– Ma fille, réfléchis un instant : tu sais bien que jamais un instrumentiste de qualité ne refuserait une place stable dans l'orchestre d'une bonne maison.

– Eh bien moi, je suis persuadée du contraire, affirma-t-elle avec tant de conviction qu'elle en tapa du poing sur la table.

– Mais que signifie cet emportement ? Ta pauvre mère serait bien attristée de te voir te conduire ainsi. Va réfléchir dans ta chambre et ne reviens que lorsque je t'appellerai !

Luisa, sous les yeux ébahis de Gertrud qui entrait juste à cet instant, courut hors de la pièce. Anton Schweizer, le sourcil froncé, se tourna vers sa cadette.

– Quelle mouche a donc piqué ta sœur ?

Viki, désolée, secoua la tête. Elle non plus ne comprenait pas Luisa. N'avaient-elles pas l'intention, toutes les deux, d'égayer leur père ? Sa sœur, par son attitude, n'avait fait qu'obtenir le résultat opposé... Un silence chargé de contrariété s'abattit sur la table.

– Tout cela est ma faute, lança brusquement M. Schweizer. J'ai dû me montrer bien trop indulgent pour que Luisa se permette une telle liberté de ton. Fichu caractère ! Comment ai-je pu croire que Gertrud parviendrait seule à lui apprendre les bonnes manières ?

Le père de famille, tout à ses douloureuses questions, semblait avoir oublié la présence de Viki à ses côtés. Celle-ci, résistant à l'envie de s'esquiver, s'agita sur son fauteuil et finit par tenter une diversion :

– Tu disais que M. Mozart n'aurait pas dû venir vivre à Vienne ?

– Mozart... répéta Anton Schweizer, comme s'il émergeait d'un rêve. Non, je disais juste qu'il s'était mis dans de beaux draps en quittant Salzbourg – ce que ta sœur ne veut pas entendre –, car après quelques années d'enthousiasme la noblesse viennoise s'est lassée de lui. Aujourd'hui, on ne parle plus guère de Wolfgang Amadeus Mozart...

– Comment est-ce possible, s'il est si talentueux ?

– Je l'ignore. Mon impression est que Joseph II[1],

1. Empereur germanique, qui régna de 1765 à 1790. Il était mort en février et son frère Léopold II venait de lui succéder.

qui appréciait assez Mozart pour le nommer compositeur de la chambre impériale, jugeait sa musique trop savante et préférait la légèreté chantante de la musique italienne... Et puis, la noblesse est partie à la guerre et a délaissé les concerts ; or c'est elle qui formait l'essentiel du public de Mozart.

Ils avaient achevé leur repas, et quand Gertrud eut débarrassé le couvert, Anton Schweizer se leva pour aller chercher son portefeuille en cuir. Il en sortit une liasse de papiers qu'il tendit à Viki.

– Oh, c'est la partition, merci, papa ! Tiens, elle est écrite à la main, constata-t-elle en se penchant sur le document.

– Tu as raison, j'ai trouvé cette rareté chez un copiste. C'est bien la sonate de Bach que tu m'avais demandée ?

La fillette se mit à chanter les premières mesures.

– Oui, c'est bien cela. C'est une très jolie pièce que Lukas m'a fait connaître. Et regarde, il y a une portée pour le violon ! On va pouvoir la jouer ensemble !

– Peut-être... À vrai dire, depuis que je me suis mis au violoncelle, j'ai perdu mon aisance au violon. C'est pourquoi j'ai rapporté, en prévision de notre petit concert du 22, un trio pour piano, violon et violoncelle, écrit par Hasse. Toi, Lukas et moi, cela sera du plus bel effet...

– Mais j'ai déjà promis à Luisa de l'accompagner dans un concerto pour flûte... répliqua Viki.

– Va donc chercher ta sœur. On ne peut tout de même pas finaliser le programme de notre soirée musicale sans notre flûtiste.

Viki, sans demander son reste, courut prévenir Luisa que sa punition était levée. Comme elle était soulagée que cette dispute eût pris fin ! Il n'y avait rien qu'elle détestât autant que les tensions familiales.

Bientôt, Anton Schweizer et ses deux filles furent penchés sur les partitions. Des exclamations et des rires ponctuèrent le restant de la soirée : « Oh non, pas celui-ci, il est trop difficile, vous n'allez pas réussir à rester en rythme ! », « Cette pièce en *ré* mineur va faire pleurer tout le monde ! », « Et si Mme Meyer a une quinte de toux pendant l'aria[1] ? »... Enfin, les trois membres de la famille Schweizer couchèrent sur le papier le bilan de leurs tractations :

Soirée musicale du 22 novembre 1790

– Un quatuor en si mineur de M. Haydn,
par A. Schweizer, L. Manhem, F. Riedl, M. Ledoldis.

---

1. Air chanté en solo et présentant souvent une difficulté particulière.

– Une sonate de J. A. Hasse,
avec V. & A. Schweizer et L. Manhem.

– Un concerto pour flûte en ut de M. Mozart, avec L. & V. Schweizer.

– Une sonate pour piano à quatre mains de M. Mozart, par V. Schweizer et C. Leody.

– Un air d'une scène de M. Salieri,
chanté par Mme Meyer.

– Une sonate de G. F. Händel,
avec A., L. & V. Schweizer.

– C'est bien ? demanda une voix masculine.

– Grandiose ! répondirent en chœur deux voix féminines.

– Bon, au lit ! Il est temps de prendre du repos. Nous avons du pain sur la planche pour les quinze jours à venir !

CHAPITRE 2
Air du mariage

22 novembre 1790.

Viki regarda la dernière part de la *Linzertorte* restant dans le plat et, après un coup d'œil circulaire pour vérifier qu'elle était bien seule, l'enfourna dans sa bouche. Il ne serait pas dit que le dessert avait été délaissé par les invités ! Hum, quelle délicatesse, ce goût d'amandes légèrement relevé de clou de girofle…

– Vue, espèce de goinfre ! s'exclama Luisa en entrant dans la cuisine. Fais attention, ou tu vas finir comme Charlotte. Vous serez alors pareilles à deux grosses bombonnes, incapables de tenir ensemble devant le piano !

La cadette des filles Schweizer s'esclaffa à cette idée. Avant qu'elle ne ressemble à Charlotte Leody, leur très rondelette cousine, il lui faudrait avaler une étagère complète de gâteaux à la crème !

– Ce serait dommage, d'ailleurs, continua Luisa en s'approchant d'une carafe emplie d'un liquide ambré, car votre morceau à quatre mains était joli à ravir. Cette fois-ci, tu as réussi à ne pas trop couvrir la partie aiguë de Charlotte.

– Crois-tu que M. Mozart nous a entendues jouer sa sonate… Oh ! Je préfère ne pas imaginer ce qu'il dirait de notre interprétation, avoua Viki en regardant sa sœur renifler sans discrétion le goulot de la carafe.

– Du tokay[1] ! se réjouit Luisa.

Attrapant le premier verre à sa portée, elle le remplit et avala une grande rasade de la liqueur sous les yeux médusés de Viki.

– Dé-li-cieux ! déclara-t-elle. Dis, tu as observé M. Ledoldis pendant qu'il jouait de l'alto[2] ?

– Oui, c'était trop drôle ! pouffa Viki. Il sort sa langue dès qu'il fait un vibrato !

Elles éclatèrent de rire à l'unisson. Cet ami de leur père se trouvait être un austère horloger d'une cinquantaine d'années, et le voir afficher une telle mimique d'écolier était un véritable régal. À cet

---

1. Grand vin produit en Hongrie.
2. Instrument à cordes proche du violon mais émettant des sons un peu plus graves.

instant, un bruit de porte fit sursauter les deux filles, qui se retournèrent avec vivacité. Gertrud, suivie de Maria, la femme de chambre, entrèrent les bras encombrés de vaisselle sale.

– Vous nous avez fait peur ! gloussa Luisa, visiblement grisée par le tokay. Nous étions en train de cancaner sur les invités ! Sont-ils tous partis ?

– Presque, Luisa, il ne reste plus que les Riedl qui s'attardent dans l'entrée.

– Et Lukas ? demanda Viki.

– Ton professeur s'est éclipsé. Il sera là demain à deux heures, comme d'habitude.

– C'était une soirée réussie, Gertrud, non ?

– Oui, ma toute belle, acquiesça la cuisinière en attrapant affectueusement la cadette par les épaules. Vous avez admirablement joué, toutes les deux.

– Ah ! Toi aussi, tu as remarqué que papa avait fait plusieurs fausses notes, lança Luisa.

Gertrud rougit en secouant la tête.

– Jamais je ne me permettrais…

Viki regarda la domestique avec tendresse. Sous son bonnet, ses cheveux plus sel que poivre témoignaient des efforts qu'elle avait déployés pour adoucir la vie des deux orphelines au moment du décès de leur mère. Gertrud, soutenue par la seule confiance d'Anton Schweizer, avait alors endossé le rôle de maîtresse de maison. Si la famille n'avait à cette époque pas sombré dans le désespoir, c'était bien à la cuisinière qu'elle le devait : grâce à son inépuisable affection et à son optimisme sans faille, la petite lueur vacillante qui éclairait le foyer ne s'était jamais éteinte.

– Luisa te taquine, Gertrud ! Tu devrais le savoir, depuis le temps ! intervint Viki. Au fait, avez-vous vu comme Mme Meyer était mal fagotée ? On aurait dit qu'elle avait découpé sa robe à franges dans un vieux rideau !

– Si même toi, tu te mets à persifler, où va-t-on ? s'amusa Luisa. C'est pourtant vrai qu'elle faisait tache, surtout à côté de cette femme en taffetas bleu pervenche. Mlle de… de… Zut, cela m'échappe, c'était un nom français. Je me demande comment papa a fait sa connaissance. Sais-tu quelque chose sur elle, Gertrud ?

– Moi, la coupa Viki avec une moue réprobatrice, je n'ai pas aimé la manière dont elle m'a regardée. En plus, elle a la voix aussi pointue que son menton !

À ce moment-là, la tête d'Anton Schweizer apparut dans l'entrebâillement de la porte. À peine eut-elle aperçu son père que Luisa se précipita vers lui et lui saisit les mains dans une attitude faussement suppliante.

– Papa, papa, est-ce que je pourrai aller au bal de la redoute, pour le carnaval ? Charlotte y sera, et plusieurs de mes amies aussi !

– Calme-toi, ma fille, nous en reparlerons plus tard, il nous reste deux bons mois pour décider. Viens, Luisa, et toi aussi, Viki, j'ai à vous entretenir d'une question plus sérieuse.

Chacune des sœurs se tourna vers l'autre. Quel sujet pouvait être important au point d'être abordé à cette heure avancée de la nuit ? Elles suivirent leur père au salon. Le désordre de la pièce témoignait des festivités tout juste achevées : les fauteuils étaient dispersés, des verres vides traînaient sur les consoles et le violoncelle paternel, posé contre le piano, attendait patiemment d'être rangé dans son étui. Anton Schweizer et ses filles tirèrent des sièges pour se regrouper autour du poêle en céramique qui dégageait encore une douce chaleur.

– Mes chères filles, je ne peux retarder plus longtemps l'annonce d'une nouvelle qui vous réjouira, j'en suis sûr : j'ai décidé de me remarier !

Il sembla à Viki que son esprit se vidait subitement. Elle fixa son père qui souriait. Pourquoi avait-il l'air satisfait ? Elle ne le comprenait pas. Les mots qu'il venait de prononcer, aussi aériens que des mouchoirs, voletaient autour de lui sans former sens.

– Avec qui ? demanda sèchement Luisa après un silence qui avait vu s'étrécir le sourire de leur père.

– Augustine de La Marquette. C'est la jeune femme française que je vous ai présentée ce soir. Nous nous marierons au cours de l'année prochaine, probablement en mars.

Ce fut à cet instant que les mots paternels prirent enfin une signification pour Viki. La fillette eut soudain l'impression qu'elle suffoquait. Elle se leva et courut en titubant vers la cuisine pour se réfugier dans les bras de Gertrud, toujours affairée à astiquer ses plats. Quand Luisa les rejoignit un peu plus tard, Viki sanglotait sur les genoux de la cuisinière, visiblement dépassée par la situation.

– Je ne veux pas de cette femme comme belle-mère, déclara Luisa d'un air sombre, en s'asseyant à côté du potager[1]. Elle est à peine plus âgée que moi, c'est ridicule !

Devant le regard interrogateur de Gertrud, l'aînée répéta d'un ton rageur les détails qu'elle venait d'apprendre :

---

1. Ici, fourneau de cuisine.

– Cette intrigante serait une pauvre victime des événements révolutionnaires en France. Le château de sa famille a été mis à feu et à sang par des paysans, et son baron de père l'a envoyée *illico presto* à l'étranger. Ses parents auraient perdu l'essentiel de leurs biens. Pour résumer, Papa s'apprête à épouser une rien du tout.

Viki renifla deux ou trois fois puis demanda en bafouillant :

– Que veux-tu dire ?

– Je veux dire que les Français ont supprimé les privilèges de l'aristocratie et que cette femme, en France, n'est rien de plus qu'une ravaudeuse[1] !

– Il faut comprendre votre père, aussi, dit Gertrud tout en continuant à caresser les cheveux de Viki. Cela fait près de quatre années que votre mère est morte. Un homme de sa condition ne peut rester indéfiniment sans femme.

– Une femme, oui, mais pas celle-là ! tempêta Luisa. Viki a raison, elle a un regard mauvais, et elle n'est même pas belle.

– Vous changerez d'avis quand vous verrez votre père heureux.

---

1. Personne qui racommode les vêtements.

– Ça, ça m'étonnerait !

Ce furent sur ces mots acides que se clôtura cette soirée pourtant si bien commencée.

CHAPITRE 3
Air du mouton

Fin janvier 1791.

– « Rien ne sert de courir ; il faut partir à point : Le lièvre et la tortue en sont un témoignage. Rien ne sert… »

Viki, qui marchait à pas vifs dans sa chambre, s'interrompit dans sa récitation. Des notes trop entraînantes pour être ignorées filtraient de la rue. Elle abandonna son livre et ouvrit la fenêtre. La bise s'engouffra dans la pièce et le son du violon se fit plus précis ; c'était un air enjoué, à deux temps. Une allemande[1], pensa la fillette, prise d'une soudaine envie de danser. Elle soupira : l'heure n'était pas à l'amusement. Il était près de onze heures du matin et son précepteur n'allait pas tarder à arriver pour son cours d'italien et de français. Elle se pencha contre la balustrade et regarda en contrebas. La position

1. Pièce de musique sur laquelle on dansait la danse du même nom.

en avancée de la maison voisine lui donnait une vue plongeante sur une pièce… qui n'était autre que le cabinet de travail du *Kapellmeister* Mozart. Sa curiosité avait été jusqu'alors bien déçue. La fenêtre fermée et les rideaux souvent tirés ne lui avaient permis de saisir que quelques bribes de la vie de ses nouveaux voisins : des mouvements fugitifs de silhouettes, une tête blonde penchée sur une table, des cris d'enfant, des fragments d'airs de piano ou de violon… voilà tout ce qu'elle avait découvert sur l'illustre musicien.

Elle ferma la croisée et se remit au travail à contrecœur : étudier le français lui était devenu pénible depuis qu'elle savait que son père allait se remarier avec cette Mlle de La Marquette… Pour tout dire, beaucoup de choses lui étaient devenues pénibles. Comment supporter l'idée de partager sa maison, pire, son père, avec cette inconnue désagréable et maniérée ? Elle déplia une feuille de papier à musique qu'elle gardait sur la tablette de son secrétaire. Quelque temps auparavant, elle y avait tracé autant de barres que de jours à venir avant la cérémonie du mariage. C'étaient les jours de bonheur qui lui restaient. À force de les rayer, ils n'étaient plus très nombreux… Sa méditation fut interrompue par Maria, lui annonçant que son professeur était arrivé. La fillette regroupa en soupirant ses affaires pour les emporter dans le salon.

Un peu plus tard, en fin d'après-midi, Gertrud, Luisa et Viki sortirent pour se rendre à l'office du soir de la cathédrale Saint-Étienne. La nuit était tombée, mais à la lueur de l'éclairage public Viki aperçut un petit mouton à roulettes abandonné non loin du seuil de la Petite Maison impériale. En dépit des taches de boue qui maculaient ses rouleaux de laine blanche, on voyait, à son joli bois blond, que c'était un jouet de qualité.

– Ce joujou appartient sûrement au fils des Mozart, remarqua Gertrud.

– Il va s'abîmer, je préfère le leur rapporter, déclara Viki en le ramassant. Allez-y, je vous rattraperai.

Avant que les deux autres eussent pu proférer un mot de protestation, elle avait disparu. L'instant d'après, elle frappait à la porte du *Kapellmeister*. Une jeune femme, petite et brune, lui ouvrit. Tout le haut de son corps était emmitouflé dans un épais fichu[1] qui ne laissait entrevoir qu'un élégant col plissé. Ses yeux noirs, largement ouverts et soulignés par des sourcils fournis, se posèrent sur la fillette, puis sur l'objet qu'elle tenait entre les mains.

1. Foulard.

– *Das Schaf*[1] ! Il s'était encore enfui, alors ! dit-elle avec un petit rire. Tu es un cœur de le rapporter ! Entre, je vais appeler Karl, tu vas le lui remettre toi-même. Karl, viens ici ! cria-t-elle en reculant dans l'appartement.

Viki obéit et découvrit une cuisine sombre qu'un maigre feu de cheminée peinait à réchauffer. En face d'elle, s'étirait une enfilade de pièces obscures. L'ensemble de la décoration donnait néanmoins une impression d'aisance, avec ses tapisseries, ses meubles en bois et son lustre qui, au loin, projetait un fort éclat de lumière. L'observation de la fillette fut interrompue par l'arrivée d'un garçonnet d'environ six ans qu'une servante tirait par la main. À la vue de son jouet, l'enfant se mit à trépigner. Sous l'injonction maternelle, il daigna finalement embrasser Viki et repartit en courant, le mouton serré dans les bras.

– Quel diablotin ! commenta sa mère. Il n'en fait qu'à sa tête. Dis-moi, comment t'appelles-tu ?

– Viktoria Schweizer, madame. J'habite la maison voisine, ajouta Viki en s'apprêtant à prendre congé.

À cet instant, le son d'un piano s'échappa du fond de l'appartement. La fillette, tendant l'oreille, fut

---

1. « Le Mouton », en français.

immédiatement sensible à la qualité de la musique : de la mélodie, nourrie par des modulations[1] incessantes, émanait un charme particulier, oscillant entre la joie et les larmes. Une image s'imposa à Viki, celle d'un ciel de traîne, après l'orage, encore oppressé de nuages sombres mais laissant s'échapper d'aussi fugitifs qu'étincelants traits de lumière.

Lorsque le silence revint, la jeune femme hocha la tête.

– C'est le rondo du concerto pour piano que mon mari est en train d'écrire. Il est visiblement achevé !

– En *si* bémol, n'est-ce pas ?

– C'est exact. J'ai donc affaire à une musicienne ?

– Stanzi Marini ! Schabla Pumsa ! Petite femme ! cria soudain une voix éloignée. Mozartini a un million soixante-cinq mille trois cent soixante-dix-huit fois besoin de toi ! Pour donner une bonne paire de soufflets à Süssmayr ! Ou lui arracher l'œil ! Qui commence doit aussi finir !

Puis la même voix se mit à chanter :

– Une femme et de la bière, comment les accorder ? La femme a de la bière, elle m'en envoie un cruchon, et cela fort bien s'accorde.

1. En musique, passage d'une tonalité à une autre.

Viki lança un regard interloqué à la maîtresse des lieux.

– Ne t'inquiète pas ! la rassura cette dernière avec un sourire. Mon mari dit beaucoup de bêtises lorsqu'il travaille dur ! Allez, il faut que je te laisse. Au fait, mon nom est Constanze Mozart !

Viki retrouva sa sœur et Gertrud sur la place de la cathédrale, où celles-ci l'attendaient derrière un mur pour se protéger du vent froid.

– Alors ? Il est comment, M. Mozart ? demanda Luisa avec curiosité.

– Je ne l'ai pas vu, mais je l'ai entendu jouer du piano et je peux t'assurer que c'est un vrai bonheur ! Quant à sa femme, elle est charmante. Ils habitent un bel appartement qui m'a semblé très spacieux.

– Pourtant, il est sans le sou, commenta la cuisinière. D'après Leonore, leur bonne, les Mozart tirent le diable par la queue. Monsieur a dû gager tous ses meubles le mois dernier !

– C'est vrai qu'il ne faisait pas chaud chez eux, murmura Viki, soudain frappée par ce constat.

Les cloches de la cathédrale se mirent alors à sonner à toute volée et toutes trois se hâtèrent d'entrer dans l'édifice.

CHAPITRE 4
Air de la belle-mère

Mi-février 1791.

Dans la cathédrale retentissait un *Agnus Dei*[1] dont l'éclat aurait, en temps normal, comblé Viki. Mais ce jour-là, elle était trop occupée à ruminer de sombres pensées pour y prêter garde. Quand le moment de la communion fut venu, la fillette suivit son père, avala l'hostie et retourna à sa chaise sans même jeter un regard au prêtre. Elle s'agenouilla sur le prie-Dieu et ferma les yeux. Loin d'être apaisée par la présence divine, elle se sentait tout aussi irritée qu'au début de la messe, et très loin d'avoir atteint un esprit de pardon. Tant de choses avaient été bouleversées au cours des derniers jours ! Depuis que *Mademoiselle* – terme que Luisa et elle utilisaient pour désigner Augustine de

1. Chant annonçant la communion dans l'Église romaine catholique.

La Marquette – avait emménagé chez elles, tout allait de travers.

Viki avait bien tenté, pour contenter son père, d'accueillir aimablement la nouvelle venue. Faisant contre mauvaise fortune bon cœur, elle n'avait pas boudé les festivités du mariage – une cérémonie religieuse et un banquet partagé avec les amis proches de la famille. Luisa, pour sa part, n'avait cessé de pester, avançant que cette femme jeune et noble ne devait épouser leur bourgeois de père que pour son argent et le crédit dont il jouissait à la cour. Était-ce vrai ? Viki l'ignorait. Du reste, elle était trop absorbée par ses propres sentiments pour se pencher sur ceux des autres. Car malgré ses bonnes intentions, elle ne parvenait pas à juguler sa colère. Mademoiselle était *de trop* dans sa vie, un point c'est tout.

De fait, l'arrivée de Mlle de La Marquette, lestée de deux malles et d'une quantité déraisonnable de cartons à chapeaux, avait confirmé toutes les craintes des deux filles. Une heure ne s'était pas écoulée que, avec un naturel qui les avait laissées sans voix, elle avait ôté de la cheminée du salon l'horloge dont le carillon avait bercé leur enfance. Deux chandeliers aussi massifs que clinquants avaient pris sa place. Une volée de commentaires désagréables avait suivi :

comme il était difficile de décorer cet appartement trop sombre, au plafond trop bas et aux fenêtres trop étroites ; comme le ciel était peu clément en Autriche... Rien ne trouvait grâce aux yeux de Mademoiselle, rien ne semblait pouvoir rivaliser avec l'élégance parisienne. Pire, le soir de ce funeste jour, leur père leur avait remis le médaillon contenant une mèche des cheveux bruns de sa défunte femme en affirmant qu'elle avait toujours souhaité qu'il leur revînt. Vil mensonge, avaient pensé ses filles : s'il se défaisait des souvenirs de leur mère, c'était uniquement pour plaire à Mademoiselle !

Les jours suivants avaient continué à apporter leur lot de changements. L'heure du dîner[1] avait été avancée pour permettre à la nouvelle Madame Schweizer de faire ses visites dans l'après-midi, et leur père avait déserté les soupers en famille pour aller danser ou écouter de la musique avec son épouse. Ce que Viki détestait par-dessus tout, c'était que Mademoiselle affectât d'aimer la musique. À ses yeux, cette posture n'était qu'hypocrisie. Pourquoi, sinon, sa belle-mère aurait-elle exigé que les filles ne répètent qu'en son absence ? Et pourquoi aurait-elle bâillé dès le

---

1. Au XVIIIe siècle, on appelle « dîner » l'actuel déjeuner.

deuxième morceau lors de leur soirée musicale ? Non, la musique n'était pour elle qu'un prétexte pour sortir dans le monde et s'amuser. Enfin, en dix jours, pas une remarque affectueuse ou tout au moins bienveillante n'était sortie de sa bouche. Cette femme, avec son mauvais accent allemand et ses poufs[1] ridicules, était décidément loin d'avoir la bonté et la simplicité de la mère de Viki. À cette pensée, la fillette sentit ses yeux s'embuer. Elle tâtonnait dans ses poches pour trouver un mouchoir, quand on tira sur sa manche.

– Viki, la messe est finie ! chuchotait Luisa. On t'attend !

Sur le parvis, la foule des fidèles était dense. Les uns saluaient leurs connaissances, les autres s'attardaient pour profiter du soleil et de la tiédeur de l'air, inattendue en ce mois de février.

– Et si nous allions nous promener au Prater ? proposa Anton Schweizer sur un ton enjoué.

Tous les regards se tournèrent vers Augustine Schweizer, à qui la question, personne n'en était dupe, s'adressait en premier lieu. La nouvelle épouse ayant formulé une vague approbation, M. Schweizer

---

1. Chapeau à plumes.

héla un fiacre. Le cocher, impressionné par la belle prestance de son client, lui donna du «*Herr Graf*[1]».

– Je ne suis pas comte, répondit avec agacement l'intéressé, qui n'appréciait pas plus les flatteries du petit peuple que l'arrogance de l'aristocratie viennoise.

– Je ne vois pas là un motif de se réjouir, siffla, acerbe, Mademoiselle, révélant ainsi son regret que son mari ne fût qu'un roturier.

Viki ne prit pas garde à ce nouvel accès de mauvaise humeur. Sa dernière promenade dominicale au parc impérial remontait à plusieurs mois et l'idée de courir parmi les arbres majestueux, et d'apercevoir un écureuil, peut-être même un renard, suffisait à son bonheur. Peu importait que les manèges de chevaux de bois et les baraques de forains, délices de son enfance, fussent fermés en hiver!

Le cheval, encouragé par les cris du cocher, alla bon train dans les ruelles tortueuses du centre, et la voiture, abandonnant derrière elle les élégants palais aux façades ornées de cariatides[2], fut bientôt aux portes de la ville. Au moment de traverser le

1. «Monsieur le comte».
2. Colonnes ayant la forme d'une statue de femme.

Danube, Viki s'étonna que sa sœur se tordît le cou pour regarder par la fenêtre. Si à la belle saison, les berges du fleuve étaient envahies de promeneurs ou d'amateurs de musique venant écouter les concerts donnés dans les cafés, elles étaient fort peu fréquentées à cette époque de l'année.

– Tu as reconnu quelqu'un ? demanda-t-elle.

– Mêle-toi de tes affaires, bougonna alors Luisa en piquant du nez, comme si elle venait de découvrir une tache sur sa jupe.

Sa confusion n'avait pourtant pas échappé à l'œil observateur de Viki, qui fut soudain persuadée que sa sœur lui dissimulait quelque chose. Depuis un certain temps déjà, les absences de Luisa, ses réponses distraites, son peu de goût pour la plaisanterie lui avaient mis la puce à l'oreille. Même le bal costumé auquel l'aînée des Schweizer s'était finalement rendue, à la redoute du Palais, la semaine précédente, ne l'avait pas égayée. Viki, perplexe, se promit de sonder sa sœur au plus vite.

La voiture avait maintenant rejoint une file d'équipages qui avançait au pas le long d'une route bordée d'arbres et le fonctionnaire donna un coup de canne sur la cloison pour que le cocher s'arrêtât. Enfin à terre, les quatre promeneurs empruntèrent une belle allée sablonneuse. Viki essaya de convaincre Luisa de faire un cache-cache dans les bosquets, mais en vain, sa sœur n'étant décidément pas d'humeur à jouer.

Les Schweizer n'avaient pas marché dix minutes que des éclats de voix attirèrent leur attention sur un petit groupe de personnes qui jouaient aux quilles devant eux.

– C'est le *Kapellmeister* Mozart ! s'écria Luisa d'une voix soudain ragaillardie. Je le reconnais, c'est lui qui dirigeait l'orchestre royal au bal de la semaine dernière !

Viki reconnut effectivement Karl et Constanze Mozart. Cette dernière, bien que revêtue d'une cape à col de fourrure, affichait un embonpoint révélateur des débuts d'une grossesse. La famille Schweizer s'approcha et Viki dévisagea avec curiosité celui que son attitude envers le petit Karl lui désignait comme Wolfgang Mozart. L'homme, de taille médiocre, le visage pâle et traversé d'un nez trop grand, avait les cheveux poudrés et tirés en arrière par une petite queue. Sa redingote de belle facture, sa chaîne de montre et ses souliers ornés de boucles d'argent ouvragés lui auraient donné noble allure s'il n'avait subitement commencé à faire le pitre. Car pour saluer la performance de son fils qui venait de renverser la totalité des quilles, le compositeur entonna, avec force gestes, un air de circonstance. « Une quille, deux quilles à terre, c'est pas la mer à boire, trois quilles, quatre quilles à terre, faut le voir pour le croire », chanta-t-il en dialecte viennois. Là-dessus, un de ses amis le reprit en canon d'une voix de basse, initiant, sous les yeux médusés de Viki, un véritable petit concert. Ce spectacle de deux individus gesticulant et s'époumonant devait également stupéfier M. Schweizer car celui-ci finit par toussoter de manière insistante. Le regard du compositeur s'arrêta enfin sur lui.

– Monsieur Wolfgang Mozart ? Anton Schweizer, secrétaire à la chancellerie de cour et d'État. Si j'en crois mes filles, nous sommes voisins, Rauhensteingasse. Je vous présente mon épouse, ainsi que Luisa et Viktoria.

Le compositeur eut un sourire affable et se tourna vers le petit groupe de femmes, qu'il salua sans excès de galanterie.

– J'ai eu la chance, maître, continua le père de Viki, d'assister à la représentation des *Noces de Figaro* et de *Don Giovanni*. Quelle profondeur, quels mondes de fantaisie et d'émotion dans votre musique ! Vous avez su soulever mon enthousiasme. Quant à votre quatuor à cordes en *ré* majeur, il fait le bonheur du modeste violoncelliste que je suis.

– Anton, n'avons-nous pas croisé M. Mozart chez le prince Galitzine ? lança à brûle-pourpoint Augustine Schweizer.

Aucun des deux hommes ne releva cette question, qui apparut, de ce fait, parfaitement futile. Le musicien répondit à Anton Schweizer, non sans un brin d'amertume :

– Si seulement votre appréciation pouvait être plus largement partagée… Ces deux opéras auront eu bien plus de succès à Prague qu'à Vienne. Quant à ce quatuor, c'est le premier que j'ai écrit pour Frédéric II de Prusse ; vous n'ignorez pas qu'il est un grand amateur de violoncelle.

Tandis que les deux hommes continuaient leur conversation, Constanze Mozart s'adressa à Viki :

– Sais-tu, Viktoria, que *das Schaf* a encore pris la clé des champs ? Ce pauvre mouton a dû être mangé par un loup ! ajouta-t-elle avec un sourire complice.

– C'est pas vrai ! s'indigna Karl. Tu es une menteuse, maman, il n'y a pas de loups à Vienne !

Puis, changeant de ton, l'enfant demanda avec aplomb à Viki :

– Tu veux jouer aux quilles ?

– Je veux bien, mais je sais déjà que tu es trop fort pour moi ! rétorqua la fillette en riant.

L'instant d'après, ils se lançaient dans une partie enflammée. Viki s'était déjà fait battre à deux reprises quand leur jeu fut interrompu par une exclamation de Wolfgang Mozart :

– Mon Dieu, comme le temps passe ! On m'attend pour un concert d'orgue à midi ! Ma petite femme, il faut que nous rentrions !

Les Schweizer saluèrent la famille et les amis du musicien et reprirent leur chemin à pas lents.

– Quelle haleine de bouc ! lâcha Augustine avec mépris. Et quelles manières de palefrenier ! Dieu que cet homme est fruste ! Je n'arrive pas à comprendre l'admiration que certains lui vouent !

De toute évidence, Mademoiselle n'avait pas apprécié l'indifférence du compositeur à son égard.

– C'est que vous ne l'avez jamais entendu interpréter sa musique, Augustine, répondit son époux avec douceur. Vous seriez confondue par sa capacité à toucher le cœur de ses auditeurs.

Les deux filles Schweizer échangèrent un regard de connivence : encore eût-il fallu que cette femme eût un cœur !

Ce soir-là, Viki eut bien du mal à s'endormir. Pour la première fois depuis longtemps, elle ressentait cruellement l'absence de sa mère. Ses bras vigoureux qui la soulevaient pour l'embrasser, l'odeur fraîche de son cou, ses rires quand Viki se glissait sous les paniers de sa robe pour la chatouiller... Quand elle essaya de se remémorer les traits de sa mère, ce fut pire. Dans ses souvenirs, Carolina n'était plus qu'un portrait au visage brouillé, caché derrière un voile. Le poids qui pesait sur la poitrine de Viki s'alourdit. Réveiller Gertrud qui dormait sur un petit lit dans l'arrière-cuisine lui sembla au-dessus de ses forces. La nuit se faisait d'instant en instant plus dense et plus inquiétante autour d'elle, et la fillette, aussi tremblante que si elle était égarée en pleine forêt, se mit à fredonner l'air que sa mère lui chantait quand elle était petite.

Leise, Peterle, leise
La lune part en voyage.
Elle est montée sur son cheval blanc
Qui avance doucement comme en un rêve.
Chut, Pierrot, chut.

Bientôt, une sensation d'apaisement l'envahit et une douce chaleur se répandit sous les draps, comme si sa mère s'était allongée à ses côtés. Mais de visage, elle n'en avait toujours point.

CHAPITRE 5
Air de l'anniversaire

25 mars 1791.

– « **R***uhe sanft, mein holdes Leben*[1]... »

Viki, debout dans le salon, la posture un peu rigide, chantait l'aria qu'elle répétait depuis quelques semaines. Lukas, le violon bien calé dans le creux de l'épaule, l'accompagnait en priant pour que personne ne les interrompît. L'interprétation de son élève était d'une expressivité parfaite et totalement nouvelle, et jamais il ne l'avait entendue chanter avec tant de véracité. Les accents tendres ou tristes étaient rendus avec la conviction d'une femme et non plus d'une fillette. Si sa voix manquait encore de puissance et de tenue dans les registres les plus hauts, sa justesse et sa sensibilité n'en étaient pas moins remarquables.

– Très bien, Viki ! Tu as fait de grands progrès

1. « Repose calmement, mon tendre amour... »

en chant, ce doit être la grâce de tes treize ans ! la félicita-t-il à la fin de l'aria.

La jeune fille sourit devant ce compliment. Lukas Manhem, violoniste dans le prestigieux orchestre royal, la *Hofmusikkapelle*, était un maître de musique exigeant qui distribuait avec parcimonie ses encouragements. Ceux-ci avaient d'autant plus de prix que chez les Schweizer le chant avait été longtemps le domaine réservé de la talentueuse Luisa. Viki n'avait osé s'y essayer que lorsque sa sœur aînée s'était passionnée pour la flûte et avait arrêté de chanter.

– Cet air m'inspire, confirma-t-elle. Tu ne veux toujours pas me dire qui en est l'auteur ?

Lukas secoua la tête en signe de refus, et se leva pour ranger son violon dans son étui.

– Où as-tu déniché la partition ? insista Viki.

– Si je te le dis, tu auras la réponse à ma devinette.

– Comment veux-tu que je trouve ? geignit la jeune fille dans l'espoir de faire plier Lukas.

– Tut tut tut… C'est à toi de deviner, je te le répète. Et si tu trouves, je te promets que nous irons ensemble à un concert. Mais réfléchis bien, car tu n'as droit qu'à une seule réponse. Alors, bon anniversaire, Viki, et à demain.

La jeune fille hocha la tête et raccompagna son

professeur à la porte. Le 25 mars était une date qu'elle chérissait particulièrement. Le jour de sa naissance, son père avait coutume de quitter la chancellerie plus tôt pour l'emmener en ville. En fonction du temps, ils allaient soit flâner dans les ménageries placées sur le Jaegerseile, le boulevard qui menait au Prater, soit faire un tour de gondole sur le bassin du Belvédère, soit assister à un spectacle d'automates. Plus encore que ces divertissements en eux-mêmes, ce qu'aimait Viki était l'intimité qu'elle partageait pendant plusieurs heures avec son père, et ses attentions que ne venaient troubler ni les pitreries ni les sarcasmes de Luisa. Devant sa garde-robe, la jeune fille hésita longuement entre une robe couleur prune appartenant anciennement à sa sœur et une jupe vert tilleul, assortie d'un caraco qu'elle n'avait encore porté qu'une fois, à l'automne précédent. Elle finit par trancher en faveur de ce dernier. Ensuite, elle se coiffa avec soin : rien ne devait être négligé pour faire honneur à son père.

Mais quand la sonnette retentit, peu après, ce fut un vas-y-dire[1] et non Anton Schweizer qu'elle découvrit

1. Enfant à qui l'on donne une récompense pour qu'il porte un messsage.

derrière la porte. Le garçon lui remit un billet libellé à son nom. «Ma chérie, disait-il, je dois me rendre à un conseil de grande importance. Ne m'attends pas cet après-midi. Ton père, A. Schweizer.»

Viki dut lire deux fois le message avant d'en prendre toute la mesure. En ce jour de sa naissance, son père l'abandonnait ! Sa gorge se serra et elle réfréna son envie de pleurer : ne fallait-il pas qu'il l'aimât moins pour agir ainsi ? Son après-midi s'étendait maintenant, vide comme un jour de deuil. Elle aurait voulu se confier, mais pour cela elle ne pouvait compter ni sur Luisa, partie chez son amie Anna, ni sur Gertrud, lancée dans le nettoyage de l'argenterie, et moins encore sur Maria, trop rude pour servir de déversoir à sa tristesse. Unique consolation, Mademoiselle avait disparu en fin de matinée, ce qui lui permettait de jouer de la musique sans contrainte.

Retenant ses sanglots, Viki se mit au piano et reprit l'étude de *Ruhe sanft*, le morceau qu'elle travaillait avec Lukas. Mais elle ne se sentait pas dans son assiette et elle s'arrêta vite. Chanter ne lui apportait plus aucun plaisir. Elle retourna dans sa chambre et s'allongea sur son lit, le regard fixé au plafond. Bientôt, le refrain de la berceuse *Leise, Peterle, leise* monta en elle et, les bras croisés sur la poitrine, elle s'apaisa lentement en chantonnant la mélodie et en se remémorant ses souvenirs d'enfance. Pourtant, le visage de sa mère continuait obstinément à se dérober à elle. Il l'avait accompagnée pendant des années, pourquoi se refusait-il désormais à apparaître ?

Des éclats de voix troublèrent soudain ses pensées. Elle se leva et ouvrit la fenêtre pour voir ce qui se passait à l'extérieur. Ce n'était pas exactement de la rue que venaient les cris, mais du cabinet de travail de M. Mozart. Celui-ci, de sa fenêtre, commandait un chapon au tenancier de la brasserie *Le Serpent d'argent*.

– Ah, mais c'est une demoiselle Schweizer que j'aperçois ! s'écria-t-il en levant les yeux vers elle. Viktoria, n'est-ce pas ? Quel étonnement de t'entendre interpréter tout à l'heure un air de mon *Zaïde* ! Je compte sur vous, don Primus ! ajouta-t-il à l'adresse du restaurateur, qui fit un signe et s'éloigna.

Viki, tout étonnée que le musicien se souvînt de son prénom, se pencha pour répondre timidement :

– Vous voulez dire que vous êtes le compositeur de *Ruhe sanft* ?

– Il faut croire ! Peux-tu venir quelques instants ? J'ai une faveur à te demander.

– Volontiers ! s'exclama la jeune fille, aussi ravie

d'avoir la réponse à la devinette de Lukas que de trouver une diversion à son ennui.

Attrapant sa pèlerine, elle dégringola les escaliers pour courir à la Petite Maison impériale. Cette fois-ci, ce fut Leonore, la servante, qui lui ouvrit, et à sa suite Viki traversa un salon meublé d'un sofa et de quelques sièges, un petit boudoir privé de fenêtre puis une salle de billard qui contenait également un lit conjugal et un lit d'enfant. Elle avait entendu dire que le compositeur était passionné par ce jeu, mais elle ne savait pas que c'était au point de mettre un billard dans sa chambre à coucher ! Pour finir, elle pénétra dans son cabinet de travail. Tandis que M. Mozart se levait pour l'accueillir, le regard de Viki balaya vivement les lieux, bien éclairés par deux fenêtres. Immédiatement, elle reconnut la pièce qu'elle apercevait de sa chambre et dont les mystérieuses activités l'intriguaient depuis plusieurs mois. Un élégant pianoforte au bois chatoyant occupait une grande partie de l'espace ; à l'opposé, un jeune homme, assis devant un nécessaire à écriture – canif, encrier et petit sablier en argent – remplissait des portées de papier à musique. La jeune fille remarqua tout autant les mitaines dans lesquelles ses mains étaient emmitouflées que l'épaisse pile de partitions manuscrites qui s'élevait non loin de lui, comme pour attester de son intense labeur.

– Ne prends pas garde à mon élève, Süssmayr. Une fois de plus, il fait semblant de travailler ! s'exclama M. Mozart d'une voix claire. Ce n'est pas comme toi, que j'entends tous les jours jouer du piano ou chanter. Qui est ton professeur ?

Les yeux de Viki se posèrent enfin sur le compositeur.

– Lukas Manhem, un violoniste de la *Hofmusikkapelle*.

– Lukas ? Bien sûr ! Écoute, fais-moi plaisir, chante *Ruhe sanft* ! L'impératrice est morte au moment où *Zaïde* devait être joué sur scène, de sorte que mon opéra n'a jamais été produit. C'était il y a longtemps… À l'époque, je courbais l'échine devant cet âne d'archevêque de Salzbourg. Ah ! Dieu sait qu'il ne comprenait rien à ma musique ! Veux-tu bien faire cela pour moi ? Je t'accompagnerai au clavier.

Sur le signe de tête de Viki, le compositeur, qui avait pris place devant son piano, attaqua les premières notes de ses petites mains charnues. La jeune fille, saisie par la musique, se lança et chanta en oubliant à qui elle avait affaire. Quand la dernière note eut fini de vibrer, le pianiste la félicita :

– *Brava !* Tu chantes fort joliment, même si tu as encore du chemin à parcourir pour parfaire ta technique vocale. Aurais-tu plaisir à interpréter autre chose ?

Alors, Viki, sans même réfléchir, entonna la berceuse de sa mère, *Leise, Peterle, leise*. M. Mozart l'écouta un instant en silence avant, discrètement, de jouer quelques accords pour accompagner son chant. Puis, laissant son inspiration le guider, il se mit à improviser. Sur les frêles épaules de la berceuse, il bâtit un château s'élançant vers le ciel, un château aux mille clochetons résonnant d'autant de carillons, un château où régnaient la paix et l'harmonie. La jeune fille se tut, envoûtée par ce bouquet de notes diaprées. C'est alors qu'une envolée de notes marqua le début d'un deuxième mouvement. Les accents devinrent plus intimes, plus secrets, et la musique donna corps à de nouveaux sentiments : la grâce se changeait en tendresse, la tendresse en douleur et la douleur en rêverie. Viki frissonna, tous ses sens en éveil. Et soudain, dans cette accumulation d'émotions, le visage de sa mère lui apparut. Ses yeux chargés d'inquiétude se posèrent sur elle, et ses lèvres, vibrantes, lui susurrèrent des mots d'amour.

Quand Wolfgang Mozart s'arrêta de jouer, les

larmes coulaient à flot le long des joues de Viki. Cette improvisation n'était rien de moins qu'une parure de diamants brodée autour de son souvenir.

– Voyons, voyons… dit le musicien en tripotant d'un air gêné la chaîne de sa montre.

Puis, constatant que les larmes de sa jeune voisine ne se tarissaient pas, il se leva de son tabouret et se mit à griffonner rapidement sur une feuille de papier à musique.

– Voilà, dit-il en tendant la feuille à Viki, cette partition est pour toi, j'y ai noté ce que je viens de jouer pour que tu puisses t'y essayer chez toi.

Le regard incrédule de la jeune fille passa alternativement du papier à l'homme qui le lui tendait. Aucun trésor n'aurait pu lui faire plus plaisir ! À cet instant, des craquements de parquet les firent d'un même mouvement se tourner vers le seuil de la pièce.

– Schikaneder ! s'écria Wolfgang Mozart. Mon ami, mon frère ! Je t'attendais avec impatience.

Il se précipita vers le nouveau venu, un gaillard pansu au visage rubicond.

– Pour l'amour de Dieu, as-tu une avance sur mes honoraires ? Je n'ai plus de quoi m'acheter une brassée de bois, ni même un cornet de marrons chauds ! Et dans l'état où se trouve mon excellente femme, je crains qu'elle ne fasse une rechute ! Comment paierais-je les médecins ?

Le dénommé Schikaneder secoua la tête d'un air désolé.

– Je n'ai encore rien aujourd'hui pour toi, mais cela ne saurait tarder. En revanche, j'ai rapporté le livret de *La Flûte enchantée* avec les modifications que tu m'avais demandées. Que penses-tu de la première apparition de Papageno, notre oiseleur, maintenant ? demanda-t-il en tendant un cahier au compositeur.

Totalement oublieux de Viki, M. Mozart s'était assis dans le canapé en vieux damas au côté de son ami. Le cahier entre les mains, il se mit à lire à voix haute :

C'est moi l'oiseleur,
Toujours gai, hop-là !
Je suis connu dans tout le pays
Autant des jeunes que des vieux,
Je sais m'y prendre pour attirer
Les oiseaux avec mes sifflets.
Voilà pourquoi je suis gai et joyeux
Car tous les oiseaux sont à moi.

– C'est parfait ! La mélodie s'interrompra pour

laisser place à l'appeau de Papageno, et les cors souligneront sa malice… Ce Papageno doit être un vrai *Hanswurst*[1], aussi bête et bavard que joyeux ! Sais-tu que je te vois très bien dans ce rôle, Emanuel : tu vas mettre le peuple viennois aux anges !

– Surtout quand j'aurai des plumes collées au derrière ! renchérit Schikaneder.

– Ce sera du plus bel effet. Bon, et qu'en est-il de la scène où les trois dames remettent la flûte enchantée à Tamino ?

Avec vivacité, Wolfgang Mozart tourna quelques pages et lut de nouveau :

Prince, accepte ce présent !
Notre reine te l'envoie.
Cette flûte enchantée te protégera
Te soutiendra même dans les plus grands malheurs.

Avec cette flûte tu seras puissant
Tu pourras transformer les passions des hommes.
Celui qui est triste deviendra joyeux
Et le vieux garçon connaîtra l'amour.

1. Personnage des farces du sud de l'Allemagne.

– Bien, dit-il après avoir parcouru plus longuement le cahier. Le sujet est clairement introduit, sans être explicite. Trois dames, trois enfants pour guider notre héros, voici des signes que reconnaîtront les initiés[1]… Écoute, les festivités à la cour sont presque terminées, je vais enfin pouvoir me consacrer à ce *Singspiel*[2]. Dieu sait que je suis impatient de me mettre à *La Flûte enchantée* ! Je compte bien sur ma belle-sœur, la Hofer, pour chanter le rôle de la Reine de la nuit. Ses capacités vocales lui permettront de s'envoler au sommet des aigus et d'exprimer la haine éprouvée par le personnage. Pourras-tu faire en sorte que tout soit prêt en septembre : décors, machines, costumes… ?

– Tu penses donc avoir fini la musique avant la fin de l'été ? s'étonna son ami.

– Eh oui, espèce de Papageno ! Et nous avons intérêt à enthousiasmer les foules, car tu n'imagines pas le nombre de créanciers qui en veulent à ma bourse.

– Bah, Wolfgang Amadeus Mozart à l'affiche du

---

1. Terme désignant les membres de la franc-maçonnerie, organisation semi-secrète qui véhiculait à l'époque des idéaux d'humanité, de tolérance et de fraternité. Mozart comme Schikaneder étaient francs-maçons et ils en firent l'apologie dans *La Flûte enchantée*.
2. Genre d'opéra-comique allemand.

théâtre de Schikaneder, la salle sera remplie, je n'ai pas de doute là-dessus ! s'exclama l'acteur en se rengorgeant.

– Fêtons cela avec un verre de punch !

Ce fut sur ces mots que Viki, un peu gênée d'être le témoin indiscret de cette conversation, s'éclipsa, serrant sous sa pèlerine la précieuse partition du compositeur, celle qui avait le pouvoir de faire ressurgir le visage de sa mère. Quand la jeune fille pénétra chez elle, Luisa surgit, une tartine de confiture à la main.

– Vous êtes déjà là ? Il est tôt, non ? constata-t-elle d'une voix indolente, tout en grignotant sa tartine.

Viki, devant la méprise de sa sœur, se souvint brutalement de la défection de son père. Elle lui expliqua d'une voix étranglée :

– Papa a été retenu à la cour. J'étais juste chez M. Mozart.

– Tu veux dire que vous n'avez rien fait cet après-midi ! s'indigna Luisa. Pauvre petite sœur, ajouta-t-elle d'un ton désolé – et, en la prenant dans ses bras : Bon anniversaire, bon anniversaire.

Touchée par cet accès de tendresse, Viki se laissa cajoler avec docilité. Les mèches blondes de Luisa chatouillèrent son cou, lui rappelant qu'elle aurait bientôt rattrapé la taille de sa sœur. Mais ce moment de communion fut bref. Son aînée lui annonça soudain qu'elle devait se rendre chez son amie Anna pour une répétition et qu'Igor, leur cocher, allait s'enraciner au pied de l'immeuble si elle le faisait attendre plus longtemps. Viki, plantée là sans façon, la regarda filer en se disant, une fois de plus, que les filles de seize ans étaient bien peu fiables…

CHAPITRE 6

Air de la trahison

26 mars 1791.

Ce soir-là, Viki se coucha sans même avoir vu son père. Tard dans la nuit, plongée dans un sommeil ouaté, elle eut vaguement conscience d'un baiser posé sur son front et de mots caressants. Au matin, deux cartons enveloppés de rubans l'attendaient au pied de son lit. Elle sauta au sol pour ouvrir ses cadeaux. Le plus gros, de forme rectangulaire, contenait une ombrelle en fine dentelle blanche, le second, une paire de gants assortis. Dans un des paquets, elle découvrit également un court billet de son père lui souhaitant un bon anniversaire. Elle se précipita dans la chambre d'Anton Schweizer, mais n'y trouva, à sa grande déception, que Maria qui s'affairait à refaire le lit.

– Papa n'est pas là ?

– Monsieur est parti de bonne heure, expliqua la

femme de chambre. Mais Madame est encore dans son lit. Ils se sont couchés très tard... ajouta-t-elle en chuchotant et en désignant d'un signe de tête la porte entrouverte qui donnait sur la chambre de Mademoiselle.

Viki ouvrit de grands yeux. Son père, qui supportait mal le manque de sommeil, détestait raccourcir ses nuits. Maria reprit sur le même ton :

– Madame m'a réveillée à cinq heures pour que je l'aide à passer sa toilette de nuit. J'espère que cela n'arrivera pas tous les quatre matins !

À ces mots, la jeune fille se sentit envahie par un mauvais pressentiment, sans toutefois parvenir à en préciser l'origine.

En début d'après-midi, le martèlement du heurtoir sur la porte d'entrée retentit et Viki s'écria :

– C'est Lukas ! Je vais ouvrir !

Elle avait hâte d'impressionner son professeur en lui apprenant qu'elle avait la réponse à sa devinette, et encore plus de savoir comment il s'était procuré l'air de *Zaïde*. En l'escortant jusqu'au salon, elle minauda :

– J'ai ma petite idée, concernant l'auteur de *Ruhe sanft*...

– Ah oui ? Laquelle ? s'enquit le professeur, amusé.

– Ne serait-ce pas un nom commençant par M ?

– Si…

– Et des initiales formant W.A.M. ?

– Bravo ! s'exclama Lukas. Comment as-tu fait ?

– C'est M. Mozart lui-même qui me l'a dit, annonça Viki en redressant le buste, pas peu fière. Mais je ne sais toujours pas où tu as trouvé cet air…

– Tu es bien curieuse… mais je crois que tu mérites quelques détails. Avant d'être professeur de musique à Vienne, j'ai appartenu à une troupe de comédiens ambulants, dirigé par un dénommé Boehm, un excellent chef d'orchestre. Nous allions de ville en ville et jouions des pièces de théâtre, des opéras, des ballets devant un public ravi. Notre troupe était jeune, inventive, nous ne cessions de faire des rencontres, c'était une vie exaltante, précisa-t-il avec une nuance de nostalgie. Au cours de nos voyages, nous nous sommes arrêtés plusieurs mois à Salzbourg. Wolfgang Mozart y était un spectateur assidu de nos représentations. C'est au cours de l'année 1780 qu'il a écrit la musique de *Zaïde* pour notre troupe et que j'ai pu entendre *Ruhe sanft*. J'ai transcrit cette aria pour ne pas l'oublier.

– Tu as bien fait ! Ce serait dommage qu'un si bel air dorme dans un grenier poussiéreux !

– Justement, ne perdons pas de temps !

Ils attaquèrent les premières notes de l'aria, mais à peine eurent-ils exécuté quatre mesures qu'un cri de protestation provint du fond de l'appartement. Maria surgit, l'air gêné.

– Madame dit qu'elle a une migraine et qu'elle ne veut pas entendre une seule note de musique.

– Tu n'as qu'à fermer les portes ! répondit Viki, qui avait rougi de colère. Déjà que je n'ai pas le droit de jouer le matin, elle ne va pas aussi m'empêcher de répéter l'après-midi !

La servante, peu convaincue, repartit en traînant des pieds. Viki et Lukas reprirent le morceau, jusqu'au moment où Augustine Schweizer ouvrit brutalement la porte du salon. Elle était vêtue d'un peignoir en soie blanc à volants roses qui lui donnait une apparence plus chétive que d'ordinaire.

– Viki, je n'ai pas l'habitude qu'une enfant bafoue mes ordres, dit-elle sèchement, son accent français accentué par la contrariété. Arrête immédiatement ou je devrai demander à ton professeur de quitter les lieux !

Viki ouvrit la bouche pour contester, mais ce fut Lukas qui parla en premier, sur un ton déférent :

– Nous regrettons de vous avoir importunée avec

notre musique, madame. Nous avons justement un point de solfège à revoir, vous ne nous entendrez plus.

Quand Augustine Schweizer eut disparu, la jeune fille explosa :

– C'est ridicule ! C'est un caprice de sa part – il n'y a pas de raison de céder !

Son professeur plongea ses yeux dans les siens ; jamais ils n'avaient été teintés d'une expression si amicale et si compréhensive.

– Viki, je comprends ta réaction, mais il faut savoir être conciliant : ta belle-mère ne se sent pas bien et la moindre des politesses est de nous arrêter jusqu'à demain. Tu oublieras vite cet incident.

L'élève secoua la tête.

– Ce n'est pas un incident : à peine arrivée ici, cette femme se prend pour une reine qui peut tout obtenir d'un froncement de sourcils !

Un sourire traversa le visage de Lukas.

– Dans ce cas, tu ne devrais pas trop t'en faire. Le rôle de reine n'est pas très enviable en ce moment, surtout en France[1] !

---

1. Allusion à la situation de la reine Marie-Antoinette. En mars 1791, la famille royale, installée au palais des Tuileries, vivait sous la surveillance du peuple et privée de liberté.

Cette plaisanterie inattendue contribua à détendre l'atmosphère et le cours de musique se termina sans plus de perturbation, dans une atmosphère feutrée de voix contenues.

Peu après le départ de Lukas, Viki surprit des éclats de conversation en provenance de la chambre de sa belle-mère. Intriguée par cette animation, elle s'engagea dans le couloir et aperçut, dans l'entrebâillement d'une porte, une inconnue qui semblait discuter à bâtons rompus avec Mademoiselle. Comme elle tournait le dos à Viki, sa voix n'était guère audible, mais celle d'Augustine Schweizer, claire et articulée, était en revanche parfaitement compréhensible.

– Je t'assure, le palais du prince… est une pure merveille, disait-elle en français. Son théâtre est charmant, avec son plafond en trompe-l'œil et ses anges dorés qui tendent les bras vers les spectateurs comme s'ils voulaient les entraîner au ciel !

Après une réplique de son invitée, trop faible pour Viki, Mademoiselle reprit :

– Mais le plus réussi a été le bal qu'a donné le prince après la pièce de théâtre. J'ai vraiment eu raison d'insister auprès d'Anton pour qu'il accepte cette invitation qui l'obligeait à quitter la chancellerie plus tôt que d'habitude : nous avons valsé jusque tard dans la nuit. Tourner, tourner jusqu'au vertige, quel amusement que cette danse ! Tu me vois épuisée aujourd'hui !

Malgré les dires d'Augustine Schweizer, il y avait bien plus de triomphalisme que de lassitude dans sa voix, et à entendre les exclamations de son invitée, Viki comprit que Mademoiselle avait parfaitement réussi à susciter sa jalousie. Elle posa une main contre le mur du couloir : le sol vacillait sous ses pieds. Voilà, en fait de conseil, ce qui s'était passé la veille : son père avait cédé aux caprices de son épouse et l'avait emmenée à une réception chez un prince. Non seulement avait-il négligé Viki, mais en plus il lui avait menti !

La jeune fille repartit d'un pas lent vers sa chambre. Elle se sentait rejetée par l'être qu'elle aimait le plus au monde, pareille à un ballot de vieux linge. La tête vide, elle s'assit sur son lit et demeura un long moment dans cette position. Puis son regard se posa sur sa table et sur la partition écrite par son célèbre voisin à partir du thème de *Leise, Peterle, leise*. En haut de la feuille, un griffonnage qu'elle n'avait pas remarqué auparavant attira son attention. « Pour Viktoria, petit canari viennois, de la part de Wolfgang Amadeo Mozart ». L'émotion liée à cet épisode et la générosité du compositeur revinrent alors à l'esprit de la jeune fille, et pendant quelques instants elle contempla la partition comme si la seule écriture du musicien pouvait lui communiquer la sérénité de sa musique. Peu à peu, elle sentit qu'elle s'apaisait. À l'image funeste de Mademoiselle s'opposait celle, toute en bienveillance, du *Kapellmeister* Mozart…

Ce fut une savoureuse odeur de gâteau aux amandes qui l'attira un peu plus tard dans la cuisine. Elle y retrouva Luisa, qui était venue pleurnicher auprès de Gertrud pour lui soutirer un petit bout de pâtisserie. Tout en cachant au mieux son émoi, Viki leur raconta la découverte qu'elle avait faite un peu plus tôt. À la fin de son récit, la cuisinière secoua la tête d'un air aussi désolé que résigné. Luisa se rangea avec virulence du côté de Viki, au point que cette dernière regretta bientôt de lui avoir fait des confidences.

– C'est indigne de sa part ! Je vais lui dire, moi, à papa, qu'il t'a fait de la peine !

– Non ! Je t'en prie, ne lui en parle pas, supplia Viki, inquiète des proportions que sa sœur pouvait donner à cette affaire.

Mais l'aînée était déjà lancée :

– Enfin, te rends-tu compte ? D'une part notre

père fait passer les quatre volontés de cette intrigante avant toi, d'autre part il se renie ! N'a-t-il pas toujours dit qu'il refusait de fréquenter cette noblesse viennoise crispée sur ses privilèges ? Qu'il ne lui pardonnerait jamais les bâtons qu'elle a mis dans les roues de Joseph II pour l'empêcher de réduire les injustices ?

Gertrud et Viki ne répondirent pas, faute de parfaitement suivre les arguments de Luisa. La cuisinière se contenta de lui conseiller de baisser le ton, pour ne pas risquer d'être entendue. Voyant qu'elle perdait son auditoire, la jeune fille changea d'angle d'attaque :

– Si cela continue, elle va finir par nous interdire complètement de jouer de la musique ici !

– C'est impossible ! s'exclama Viki. D'abord, papa adore la musique !

– Et alors ? Ne trouves-tu pas qu'il a beaucoup changé ? Sous son influence, il serait bien capable de renvoyer Lukas...

– Ne dis pas ça ! s'écria Viki, un sanglot dans la voix.

– Voyons, Luisa, ne jette pas de l'huile sur le feu, protesta Gertrud. Tu chagrines ta sœur !

– De toutes les façons, continua l'aînée sur un ton rageur, moi, je ne vais pas faire de vieux os dans cette maison !

– Qu'est-ce que cela signifie ? demanda Gertrud, à qui la menace sous-jacente n'avait pas échappé.

– Rien de plus que ce que j'ai dit. Un jour, je partirai, et ce jour-là sera béni de Dieu.

Gertrud se leva pour tisonner le potager. Le dos tourné, elle déclara d'une voix bourrue :

– Tu as tort de parler ainsi, Luisa. Tu devrais tous les jours remercier le Seigneur d'avoir un père aussi aimant et tolérant que Monsieur.

Luisa se contenta de lever les bras en signe de désapprobation et ce fut avec soulagement que Viki et Gertrud la virent quitter la cuisine. Les heures suivantes furent heureusement plus calmes ; Mademoiselle fit appeler Igor et disparut on ne sait où. Profitant de cette aubaine, Viki se mit au piano pour travailler la partition que Mozart lui avait dédiée. À force d'entraînement, elle réussit enfin à associer, pour les huit premières mesures, main gauche, main droite et voix. Elle s'arrêta alors, le cœur emballé. Sous ses doigts, le portrait de sa mère commençait à se recomposer.

Le soir, Viki attendit d'être appelée pour se rendre à la salle à manger, où son père, Mademoiselle et Luisa étaient déjà réunis.

– As-tu trouvé mes cadeaux ? demanda son père,

alors que Gertrud apportait des escalopes panées qu'elle avait certainement préparées dans l'intention de consoler Viki, dont c'était le plat préféré.

– Oui, papa, répondit-elle sans lever le nez.

– Ils ne t'ont pas plu ? s'inquiéta-t-il en haussant les sourcils.

– Si, papa, merci.

– Eh bien, ça ne se voit pas, commenta-t-il en scrutant sa fille avec étonnement. Tu ne serais pas malade ?

– Non, papa, tout va bien, dit-elle en redressant enfin la tête, de peur que Luisa ne s'immisce dans la conversation.

C'est à cet instant que, comme Viki l'avait craint, celle-ci prit la parole :

– Ce qu'elle n'ose pas te dire, papa…

Viki retint son souffle. Quelle tempête sa sœur allait-elle encore provoquer ?

– … c'est que pour son anniversaire elle aimerait chanter et que tu l'accompagnes au violoncelle. Cela fait si longtemps que tu ne l'as pas écoutée !

L'intéressée, soufflée par l'audace de Luisa, vit soudain un large sourire traverser le visage d'Anton Schweizer. De toute évidence, le fonctionnaire était soulagé de trouver une raison anodine à la tristesse de sa cadette. Sans même jeter un regard sur son épouse, qui, la bouche en cul-de-poule, semblait sur le point de protester, il acquiesça vigoureusement :

– En voilà une excellente idée. Dépêchons-nous de terminer le souper, que j'entende ta jolie voix de rossignol !

Viki manqua avaler sa bouchée de travers. Les êtres humains étaient vraiment inattendus ! Comment, quelques heures à peine après lui avoir joué un coup pendable, son père pouvait-il se montrer aussi délicat envers elle ?

De l'autre côté de la table, Luisa affichait un fin sourire dans lequel se lisait, pour qui la connaissait, le pétillement de la vengeance consommée.

CHAPITRE 7
Air du Tchèque

Début mai 1791.

*… Et figure-toi que cela ne s'améliore pas : elle prétend maintenant que mes leçons de musique lui provoquent des vertiges ! Jusqu'où va-t-elle aller ? Notre cuisinière Gertrud est devenue son souffre-douleur : Mademoiselle, lui trouvant peu d'aptitudes à cuisiner les plats français qu'elle lui demande, l'a traitée d'*écervelée. *Oui,* écervelée, *en français ! La pauvre Gertrud en est toute tourneboulée… Elle était déjà assez piquée qu'on lui parle dans une langue étrangère, alors, quand Luisa lui a dit ce que cela signifiait…*

Viki n'avait pas entendu les légers coups frappés à la porte de sa chambre et elle eut soudain la surprise de voir le petit Karl Mozart apparaître à la suite de Maria. Elle s'immobilisa, la plume en l'air.

– Papa te demande, annonça le garçon avec beaucoup de sérieux.

– Maintenant ? s'étonna la jeune fille.

Cela faisait plusieurs semaines qu'elle n'avait pas vu le compositeur, précisément depuis le jour où il lui avait remis la précieuse partition de *Leise, Peterle, leise*. Et c'était bien la première fois qu'il la convoquait de cette sorte.

– Papa a dit que si tu étais disponible tout de suite, cela l'arrangerait bien.

– Bon, je suppose que c'est important… Catastrophe, j'ai fait une grosse tache d'encre, il va falloir que je recommence ma lettre à Charlotte ! s'exclama-t-elle en baissant les yeux sur sa feuille.

Quelques instants plus tard, elle pénétrait dans le cabinet de travail de Wolfgang Mozart, qu'elle trouva seul, absorbé dans un travail d'écriture.

– Ah, te voilà, Viki ! dit-il à la vue de la jeune fille.

Le maître des lieux se leva pour l'accueillir. Sa nervosité sautait aux yeux : son regard était fébrile, son visage hâve et ses gestes brusques.

– Veux-tu bien me donner la réplique dans un passage de mon opéra *La Flûte enchantée*, en l'absence de Constanze ? Ta voix de soprane conviendra parfaitement à l'air des trois jeunes garçons. Je tiendrai le rôle du ténor, Tamino.

– Je peux essayer… répondit prudemment Viki.

Elle suivit M. Mozart jusqu'au piano et, les yeux fixés sur la partition qu'il avait posée devant lui, l'écouta jouer une première fois la mélodie. Puis, sur un geste du musicien, ils reprirent le passage depuis le début, elle interprétant le rôle des garçons, lui l'accompagnant au clavier mais mimant aussi, avec une véracité incroyable, les autres instruments de l'orchestre, violons, clarinettes, cors…

Cette voie te conduit vers ton but
Mais il te faudra, jeune homme, combattre virilement.
Alors écoute-nous bien :
Sois ferme, patient et discret !

Le compositeur enchaîna avec la réplique de Tamino :

Gracieux enfants, dites-moi
Si je pourrai sauver Pamina.

Ce fut de nouveau au tour de Viki :

Nous ne pouvons te le dire
Sois ferme, patient et discret !
Ne l'oublie pas. Bref, sois un homme
Alors, tu vaincras en homme.

– Parfait, parfait, cela suffira ! s'exclama le compositeur.

– Le texte est en allemand, *Herr Kapellmeister*.

– Certes… répondit-il en levant un sourcil. Est-ce étonnant ? Je suis allemand[1], ne le sais-tu pas ?

– Oui, mais tous vos opéras sont en italien, n'est-ce pas ?

M. Mozart sembla ravi de cette réflexion.

– La plupart, Viki, la plupart, mais pas tous. L'opéra est né en Italie et les Italiens en sont les maîtres, voilà pourquoi cette langue s'est imposée dans les livrets. Mais *La Flûte enchantée* sera un *Singspiel*, un opéra allemand, et c'est un de mes grands motifs de joie.

– Pourquoi ? s'étonna la jeune fille.

– Parce que j'ai pu y mettre des éléments de notre culture germanique, et aussi parce que tout le peuple

---

1. Mozart se dit allemand car Salzbourg, sa ville natale, fait alors partie du Saint Empire romain germanique. Aujourd'hui, Salzbourg est en Autriche et Mozart est considéré comme autrichien.

viennois pourra l'apprécier : la langue allemande et les dialogues, parlés plutôt que chantés, le rendront bien plus intelligible qu'un opéra en italien !

Enhardie par la verve de son interlocuteur, Viki poursuivit :

– Et ce Tamino que vous avez interprété, qui est-ce ?

– Le héros de l'opéra. C'est l'homme vertueux par excellence, et la quête de sa bien-aimée est en fait celle de la sagesse et de la raison. Mais avant d'accéder à cet état supérieur, il devra surmonter bien des épreuves, et affronter tant ses propres peurs que la Reine de la nuit, une femme animée par la haine et la volonté de dominer les autres.

En un éclair, la jeune fille fit un rapprochement entre Mademoiselle et le personnage de la Reine de la nuit. Son intérêt pour l'histoire s'en accrut brutalement.

– Dites-m'en plus sur elle, le supplia-t-elle.

Le compositeur ne se fit pas prier et répondit :

– La Reine de la nuit est si cruelle qu'elle n'hésite pas à encourager sa propre fille à commettre un crime. Mais les puissances de la lumière, la liberté, l'égalité et la fraternité l'emporteront sur ses sombres intentions... Pauvre Viki, ce que je te raconte est très ennuyeux. Tu seras probablement plus amusée par le personnage de Papageno, le compagnon de voyage de Tamino.

Sur ce, le musicien roula des gros yeux et se mit à chanter « Pa-pa-pa-pa-pa-pa-Papageno » en prenant un air si benêt que Viki éclata de rire.

– Papageno, c'est l'oiseleur dont vous parliez la dernière fois avec votre ami du théâtre ? dit-elle une fois calmée.

– Exactement. C'est un fanfaron et un bon vivant qui veut bien qu'on lui procure une petite femme et du bon vin, mais à condition de ne pas avoir à faire preuve de courage... Ça alors !

À cette exclamation, Viki tourna les yeux dans la même direction que le compositeur. Karl venait d'apparaître au seuil de la porte, revêtu d'un habit mité qui traînait sur le sol et dans lequel il disparaissait complètement. Après un bref moment de sidération, Wolfgang Mozart s'esclaffa :

– Ce farceur a été chercher ma vieille livrée[1] de *Konzertmeister* dans le coffre à vêtements ! Tu as raison, Karl, il n'y a que ça à en tirer, un bon déguisement !

---

1. Vêtement aux couleurs des armes d'un roi ou d'un seigneur que portent les hommes à son service.

Attrapant son fils, il le fit tournoyer dans les airs, puis claqua deux baisers sur chacune de ses joues.

– Vois-tu, Karl, si j'étais un seigneur, et toi, un musicien à mon service, tu n'aurais droit qu'à un bon coup de pied au derrière ! Pour ce qui me concerne, c'est tout ce que j'ai reçu en remerciement des services que j'ai rendus au prince-archevêque de Salzbourg !

Viki repensa à la dispute qui avait opposé Luisa et son père avant leur soirée musicale du mois de novembre. Sa sœur avait donc raison : la manière dont on traitait les plus grands artistes était indigne ! Elle n'eut pas le temps de s'attarder sur ce souvenir. Le compositeur, soudain pris d'une inspiration, planta là la jeune fille et le garçonnet et retourna à sa table de travail pour noter quelque chose. C'est ainsi que s'acheva la deuxième séance de chant de Viki chez M. Mozart.

Elle prit congé à regret, toute à sa pensive admiration pour lui. Le *Kapellmeister* donnait l'apparence de créer sans tâtonner, comme si la musique était déjà arrangée dans sa tête au moment où il l'exécutait. Ce talent sans commune mesure aurait pu faire de lui un homme intimidant. Mais il n'en était rien, tant il était animé d'une grande simplicité et d'une gaieté parfois presque enfantine. D'une certaine manière, il lui paraissait plus proche d'elle que bien des êtres qu'elle côtoyait depuis des années ! Elle prit conscience que le seul fait de penser à M. Mozart calmait ses idées noires et la rassérénait. Sa bonté semblait planer au-dessus d'elle et la suivre telle une ombre lumineuse.

Lors du souper familial, Viki ne dit rien de sa visite chez leur célèbre voisin. La conversation, autour de la table des Schweizer, était d'ailleurs poussive. Luisa donnait de sèches précisions sur les morceaux qu'elle interpréterait lors de la soirée organisée par les parents d'Anna et les questions polies de leur père laissaient à penser qu'il avait d'autres sujets de préoccupation. Mademoiselle, quant à elle, restait singulièrement silencieuse. Viki, de temps à autre, lui jetait un coup d'œil discret, tentant de l'imaginer en Reine de la nuit dans l'opéra de M. Mozart. Quelle musique pourrait donc convenir à ce personnage hautain et orgueilleux ? se demandait-elle. Les yeux mi-clos, fixes, de sa belle-mère lui rappelaient une gravure qu'elle avait vue un jour d'un serpent dissimulé dans des feuillages et s'apprêtant à frapper sa proie.

De fait, l'attaque fut insidieuse.

– Vos filles ont beaucoup progressé en musique,

dit-elle soudain à son mari. Elles ont maintenant un niveau qui dépasse celui de la plupart des demoiselles de leur âge.

– En effet. J'en suis d'ailleurs très fier.

– Ne croyez-vous tout de même pas que Viki passe trop de temps cloîtrée dans cette maison ? Regardez comme elle a mauvaise mine. Elle a l'âge de sortir dans le monde, de monter à cheval, d'apprendre à danser… Voudriez-vous en faire une religieuse que vous ne vous y prendriez pas mieux !

Tous les regards se dirigèrent vers Viki, qui eut l'impression d'être dévisagée comme si elle était une parfaite inconnue à cette table.

– Lukas me donne aussi des leçons de danse, murmura-t-elle, un peu stupéfaite de l'intérêt subit de Mademoiselle pour son éducation.

– Je vais y réfléchir, intervint le fonctionnaire, l'air songeur. Cette pédagogie m'a jusqu'ici paru satisfaisante. Mais vous avez peut-être raison, ma chère, Viki grandit sans que je m'en aperçoive.

Luisa, à laquelle personne n'avait prêté attention, se tourna alors vers sa sœur, le visage rouge comme un jabot de dindon.

– Viki, dis tout de suite à papa que tu ne veux pas arrêter le piano !

Malgré l'injonction, celle-ci resta muette. Elle se sentait pareille à une charogne que deux chiens se disputent.

– Papa, reprit Luisa, une étrangère ne peut pas savoir ce qui est bon pour Viki !

– Une étrangère !

Le cri était sorti à la manière d'un râle de la gorge de Mademoiselle. Une injure n'aurait pas suscité de réaction plus forte. Anton Schweizer se redressa sur sa chaise et asséna d'une voix blanche :

– Luisa, personne ne t'a demandé ton avis sur l'éducation de ta sœur et j'aimerais en l'occurrence que tu fasses preuve de discrétion dans tes opinions... Au fait, une réception sera bientôt donnée à la cour en l'honneur des officiers rentrant du front. Tu y viendras avec moi. Je voudrais te présenter le lieutenant de dragons Franz Lindor. Il est issu d'une vieille famille viennoise, mais c'est le moindre de ses mérites.

Après cette sortie, Mademoiselle eut l'air satisfaite, Luisa piqua du nez dans son assiette et la fin du repas se déroula dans une ambiance tendue que nul n'eut à cœur de pacifier.

Un peu plus tard, Viki retrouva Luisa dans sa chambre. L'aînée, face à sa coiffeuse, retirait méthodiquement les épingles de son chignon, entraînant l'affaissement graduel de sa chevelure. Toutes deux demeurèrent silencieuses un moment. Viki admirait la dextérité des gestes de sa sœur, tout en sachant que cette occupation avait sûrement le mérite d'apaiser ses tourments.

– J'ai bien réfléchi à son attitude, tu sais, déclara finalement Luisa. Tout est évident : Mademoiselle veut régenter la maison, et nous avec. Comme elle est assez fine pour ne pas le faire de front, ce qui déplairait à papa, elle s'en prend à la musique. Nos qualités de musiciennes, qu'elle ne partage pas, la rabaissent, et notre complicité musicale avec papa est un obstacle sur sa route. Restreindre notre pratique de la musique est un moyen de nous diviser pour mieux régner. Peu lui chaut que cette privation te chagrine !

Viki protesta. Quels que fussent ses propres sentiments à l'égard de Mademoiselle, elle avait du mal à admettre que leur belle-mère leur livrât une telle guerre.

– Peut-être pensait-elle vraiment à bien en disant cela ? Peut-être élève-t-on les jeunes filles différemment en France ?

– Que tu te montres naïve ! Je ne le crois pas un instant, et la question n'est pas de savoir si papa va lui résister, mais combien de temps il va le faire.

– En es-tu sûre ? demanda Viki avec inquiétude. Je ne veux pas me séparer de Lukas. Cela fait cinq ans que j'étudie le piano avec lui, c'est presque un membre de la famille !

Luisa secoua la tête en affichant une mine profondément pessimiste.

– Mademoiselle ne s'estimera pas satisfaite tant qu'elle n'aura pas écrasé tes talents de musicienne.

– Misère, gémit Viki, on n'a vraiment pas de chance d'être tombées sur une harpie pareille… Mais si elle veut tout commander ici, pourquoi ne s'en prend-elle pas aussi à toi ?

– Elle s'en prend aussi à moi ! protesta Luisa. N'as-tu pas entendu papa ? D'où crois-tu que lui vienne cette idée de me présenter un officier ? De Mademoiselle, bien sûr ! Un mariage est bien la plus simple solution pour se débarrasser de moi.

Viki réfléchit et son esprit s'attarda sur les exemples de Bianca et Katrin, deux voisines qui avaient été mariées dans leur dix-septième année.

– Cela ne devait-il pas arriver un jour ? suggéra-t-elle.

Luisa, à cet instant, retira la dernière épingle de son chignon, et la masse de ses cheveux dégringola sur son visage, occultant en partie ses yeux. Sa jeune sœur ne vit donc pas la détermination farouche qui durcissait son visage.

– Écoute-moi bien, Viki. Cet officier pourrait être le fils de l'empereur que je n'en voudrais pas : mon cœur est déjà pris.

– Non ! Par qui ? s'exclama la cadette.

– Tu tiendras ta langue ?

– Promis !

– C'est un violoniste. Je l'ai rencontré en octobre dernier lors d'un concert dans le jardin de l'Augarten… C'était une si belle journée d'automne, qu'Anna et moi avions décidé de faire un détour pour traverser le parc. Dans le pavillon du jardin, un quintette jouait des airs hongrois. Est-ce le feuillage flamboyant des arbres qui entouraient la bâtisse, le rayon de soleil qui illuminait les musiciens ?… Dès que nos regards se sont croisés, mon cœur a commencé à battre. Crois-moi, Viki, on ne sait pas ce que c'est que vivre avant d'avoir ressenti cette palpitation…

Les traits de Luisa semblaient transfigurés par cette évocation, et elle continua d'une voix rêveuse, comme si elle se parlait à elle-même :

– Pendant tout le concert, il ne m'a pas quittée des yeux. C'était tellement étrange, cette certitude qu'il ne jouait que pour moi, que les sons déchirants qu'il tirait de son archet étaient un dialogue secret entre nous seuls. J'étais à la fois horrifiée par tant d'audace et incapable de partir. À la fin, il est venu me voir. Il s'appelle Jan, il est tchèque et vient de Prague, mais c'est avant tout un artiste ! Il écrit des morceaux magnifiques, ainsi que des poèmes.

– Comment le sais-tu ? Tu le connais à peine !

– Tu te trompes. Personne ne s'est rendu compte que, cet hiver, je me rendais beaucoup chez Anna…

– C'était donc cela…

– Quoi, *cela* ?

– Je te trouvais l'air étrange ou ailleurs. Tiens, comme dans le fiacre, lors de notre sortie au Prater !

– Ah oui… Quel cauchemar que cette journée ! Déjà que je n'étais guère heureuse de cette promenade avec Mademoiselle. Et voilà que soudain, en passant le canal du Danube, j'aperçois Jan sur le pont, tenant *par le bras* une autre femme. Tu imagines mon émoi ! J'ai souffert mille morts avant d'entendre son explication, heureusement fort honnête : cette femme n'était autre que sa sœur, en visite à Vienne ! C'est un amant merveilleux, tu sais… Il interprète les chansons d'amour à merveille, avec un irrésistible accent de Bohême. Et si tu voyais comme il patine avec adresse ! Un jour, il m'a emmenée faire du traîneau sur le canal gelé de Neustadt. Nous allions plus vite que tous les autres couples, j'avais l'impression de voler !

– Quelle allure a-t-il ?

– Que dire… Ses yeux ont la couleur d'un lac de montagne et ses cheveux sont bruns et drus comme du crin de cheval. Mais ne t'inquiète pas, il ne hennit point ! Ah, j'oubliais : pour un violoniste, il a de très belles mains !

Viki comprit immédiatement l'allusion à M. Ledoldis et éclata de rire. Outre sa manie de montrer sa langue en jouant, l'ami altiste de leur père avait une caractéristique dont toutes deux aimaient se moquer : au bout de ses bras pendaient de grosses pattes d'ours, aussi peu appropriées au maniement des minuscules rouages de l'horlogerie qu'au pincement des cordes de son instrument. Ce qui ne l'empêchait pas d'être doué pour ces deux activités…

Luisa redevint sérieuse brusquement, et, sur un ton qui relevait plus de la déclaration de guerre que de la confidence, elle affirma :

– Jan et moi nous aimons. Papa pourra dire ce qu'il veut, jamais je n'accepterai un autre parti.

Viki ne fit aucun commentaire. Elle était sous le

choc de cette révélation : sa sœur avait un amant ! Peu à peu, elle prenait conscience que Luisa, non contente de parler librement, agissait de même. Et cela avait quelque chose de vertigineux…

CHAPITRE 8
Air de la partition

22-23 juin 1791.

Le cocher arrêta l'attelage devant la maison des Schweizer, Rauhensteingasse. Après avoir embrassé sa cousine Charlotte Leody, remercié une dernière fois sa tante, Viki descendit du véhicule. Elle monta lentement les marches de son escalier, encore sous le charme du spectacle d'automates auquel elle venait d'assister.

Que d'émotions saisissantes elle avait vécues ! Le théâtre, situé dans les faubourgs de Vienne, débordait d'une foule aussi familiale qu'agitée. Soudain, la salle avait été plongée dans une obscurité complète et Viki avait crié de surprise. Une voix puissante, profonde, s'était alors élevée : « Au commencement, Dieu créa le ciel et la terre. » À ces mots, des éclairs blanchâtres avaient illuminé la salle, suscitant un mouvement de frayeur dans l'assemblée et un frisson de plaisir chez

Viki. Puis la jeune fille avait poussé des exclamations de ravissement à l'apparition des étoiles dans le ciel et à l'éclosion du paradis terrestre : des arbres s'étaient brusquement épanouis et des fleurs avaient jailli des buissons. Un peu plus tard, elle avait frémi avec Adam et Ève accablés par la colère divine, et avait éclaté de rire quand de violentes rafales de vent avaient manqué lui arracher son chapeau. Lorsque les bougies avaient été rallumées, elle avait quitté sa chaise à regret. Une limonade partagée avec Charlotte et sa mère, sous la tonnelle d'un café, dans l'atmosphère nonchalante de cette fin d'après-midi estival, avait clos les festivités. Viki n'avait pas boudé son plaisir : pour une fois qu'elle était libérée de toute obligation ! Son précepteur avait quitté Vienne pour l'été, précédant en cela la plupart des notables de la ville, tandis que Lukas était parti en tournée.

À l'appartement, ce fut Gertrud qui ouvrit la porte et dut endurer l'avalanche de détails suscitée par l'enthousiasme de Viki. Quand la cuisinière eut entendu deux fois plutôt qu'une le récit complet du spectacle, la jeune fille se rendit dans sa chambre. Dès qu'elle eut poussé la porte, elle eut le sentiment que quelque chose clochait. Était-ce le léger et inhabituel effluve qui flottait dans la pièce, et qu'elle identifierait plus tard comme un parfum de chèvrefeuille en fleurs ? La fenêtre qu'elle n'avait pas l'habitude de laisser ainsi grande ouverte ? Elle balaya du regard la pièce. Tout était en apparence normal : le sage ordonnancement de ses rangées de livres n'avait pas été modifié et dans l'alcôve proche de son lit ne manquait ni le médaillon de sa mère, ni le crucifix en ivoire, ni sa Bible reliée en maroquin. Posé sur une chaise, le même ouvrage de broderie l'attendait depuis des jours, et sur la tablette de son secrétaire s'élevait sa pile de partitions, pile chaque semaine un peu plus haute… Prise d'une intuition, elle se rapprocha. Au-dessus du tas, à la place de la partition de Mozart sur le thème de *Leise, Peterle, leise*, se trouvait maintenant un cahier imprimé d'une œuvre de Paisiello. Le cœur battant, elle regarda par la fenêtre, pensant que la feuille avait pu être emportée par un coup de vent. Mais il n'y avait aucune trace de partition sur le pavé ! Déjà certaine qu'elle n'y découvrirait pas ce qu'elle cherchait, elle se retourna vers le secrétaire et feuilleta fébrilement toute la pile. En vain : sa partition avait bel et bien disparu !

Viki surprit Gertrud en train de préparer un faisan. Devant sa mine défaite, la cuisinière s'immobilisa, une touffe de plumes dans la main.

– Es-tu entrée dans ma chambre ? As-tu touché à une partition ? demanda la jeune fille sur un ton si glacial que Gertrud rougit.

– Bien sûr que non ! s'exclama-t-elle avec une nuance d'indignation dans la voix. Tu sais bien que c'est Maria qui s'occupe des chambres ! J'ai assez de chats à fouetter avec les emplettes à faire, les plats à mitonner, le potager à mettre en route, la cuisine à fourbir, et ce fainéant d'Igor qui n'est jamais là quand j'ai besoin de lui !

– Où est-il ?

– Il est parti chercher Attila au pré ce matin et il devrait être rentré depuis longtemps ! Ce fripon doit encore bayer aux corneilles sur la route !

– Et Maria ?

– À la fontaine, elle ne va pas tarder à arriver.

Viki se précipita dans la rue à la rencontre de la femme de chambre. Celle-ci rentrait d'un pas lent, le dos arqué par le poids de son fardeau, deux seaux accrochés à chaque extrémité d'une gaffe. Depuis que Mademoiselle faisait partie de la maisonnée, la corvée d'eau avait été doublée par deux. Car Mademoiselle prenait des bains ! À la stupéfaction de tous, elle avait fait venir à grands frais une baignoire, désormais installée dans son cabinet de toilette, et elle s'y plongeait régulièrement, au mépris de sa santé[1] !

Maria écouta les questions acides de Viki avec une placidité digne de sa longue lignée paysanne, habituée à endurer des vicissitudes en tout genre. Quand Viki eut répété deux fois la même question sans obtenir un semblant de réponse, elle prit conscience que la servante ignorait le sens du mot « partition ». Exaspérée, elle la traîna derrière elle dans sa chambre et, à force de gestes et d'explications, finit par comprendre que oui, Maria était venue ce matin-là, que non, elle n'avait touché à aucun papier se contentant de refaire le lit et d'ouvrir la fenêtre. À la question « pourquoi n'as-tu pas refermé la fenêtre en partant ? », Maria argua qu'elle l'aurait fait bien volontiers si on le lui avait demandé. Ce bon sens paysan acheva d'irriter Viki, qui renvoya la domestique sans plus de façon.

La jeune fille descendit dans la rue en se maudissant de n'avoir pas mieux rangé ce précieux document. Même en s'éloignant au-delà du raisonnable, elle ne vit rien qui ressemblât à une feuille de papier à musique. Elle rentra chez elle au bord des larmes.

1. Au XVIIIe siècle, les bains dans l'eau, et surtout dans l'eau chaude, étaient considérés comme dangereux : on pensait que l'eau pouvait pénétrer dans la peau et transmettre des maladies. Cette méfiance ne recula que progressivement.

Certes, elle connaissait par cœur ce morceau, tant elle l'avait répété ces derniers temps, surtout depuis le départ de Lukas. Sans doute était-elle même capable de le retranscrire sur du papier à musique. Mais la partition de M. Mozart représentait bien plus pour elle que la simple notation d'un air : c'était un talisman qui avait eu le pouvoir de faire ressurgir le visage de sa mère et, elle en était convaincue, qui la protégeait de sa belle-mère. La perte de cette partition était un dramatique coup du sort.

Après avoir retourné toute sa chambre sans succès, la jeune fille se pencha par la fenêtre pour regarder du côté de chez son illustre voisin. Elle aurait bien voulu lui confier sa tristesse d'avoir perdu son cadeau, mais elle n'espérait guère le voir, encore moins l'entendre. Depuis quelque temps, la maison du compositeur était désespérément calme. Certains soirs, au halo de lumière qui tremblotait dans la nuit derrière la fenêtre du cabinet de travail, elle savait qu'il était là, à composer silencieusement. D'autres fois, la pièce restait dans l'obscurité, signe qu'il avait lui aussi déserté sa maison. Constanze et Karl Mozart étaient partis en premier; Viki les avait vus, la mère, aux formes désormais très arrondies, et son fils, monter dans une voiture. Leurs habits de voyage et leurs malles ne laissaient pas de doute sur le fait qu'ils s'absentaient pour une durée prolongée. Viki leur avait fait des signes d'adieu, auxquels ils avaient répondu. M. Mozart, lui, était resté planté devant chez lui jusqu'à ce que la voiture eût disparu. Puis il était rentré d'un pas résigné dans la maison, le dos voûté.

Peu après, Gertrud avait rencontré la servante des Mozart, Leonore, qui lui avait appris qu'elle avait été congédiée, le ménage se trouvant dans l'impossibilité de payer ses gages. D'après ladite servante, Mme Mozart était partie à Baden, petite ville d'eau proche de Vienne, où elle soignait sa santé chancelante. Le compositeur, quoique très inquiet de l'état de sa femme et plus encore affecté par son départ, devait rester à Vienne pour achever une commande. Viki s'était demandé s'il s'agissait toujours de ce *Singspiel*, *La Flûte enchantée*, sur lequel il travaillait depuis mars, ou si le musicien s'était déjà attelé à une autre œuvre.

Viki rumina toute la soirée son amertume d'avoir égaré sa partition, mais, dans son malheur, elle eut de la chance : son vœu de revoir M. Mozart ne fut guère long à être exaucé. Dès le lendemain, elle l'aperçut sortant de chez lui. Dégringolant ses escaliers, elle le suivit sans oser l'aborder, jusqu'au moment où il s'engouffra dans la brasserie *Le Serpent d'argent*. Après une seconde d'hésitation – Gertrud lui aurait certainement interdit d'entrer dans ce lieu, mais, après tout, elle avait déjà enfreint plusieurs consignes en sortant seule dans la rue –, le désir de parler au compositeur fut le plus fort et elle poussa la porte. Sur le seuil, elle s'arrêta net. La pénombre qui régnait dans la salle, l'odeur âcre du tabac mêlé à des effluves d'alcool, le brouhaha des buveurs et des joueurs de billard, tout contribuait à brouiller ses sens. Elle distingua enfin M. Mozart : assis à l'une des tables en bois, il parlait à l'homme qu'elle avait aperçu sous sa fenêtre quelques mois plus tôt.

– Un café bien noir, don Primus ! J'ai du pain sur la planche ! Ah, et aussi un peu de tabac, cela me consolera de la solitude. Tiens, mais voilà le joli canari de la maison voisine ! dit-il en remarquant Viki. Viens donc me tenir compagnie un instant.

Le ton du compositeur avait beau être enjoué, le maigre sourire qu'il lui décocha n'était guère convaincant. Elle s'approcha précautionneusement, un peu rebutée par la matière poisseuse qui recouvrait le plancher et retenait ses pas. Elle s'assit sur un banc à proximité du musicien. Ce dernier la fixa d'un regard fatigué et la jeune fille, soucieuse de ne pas se montrer impolie en évoquant trop vite la partition envolée, le laissa prendre la parole.

– Je dirai à Karl que je t'ai vue. Il ne t'a pas oubliée, tu sais, et je crois qu'il aurait beaucoup aimé avoir une grande sœur…

À ces mots empreints de nostalgie, les yeux de M. Mozart se perdit dans le vague, si bien que Viki eut l'impression qu'il fixait un fantôme situé dans son dos.

– Enfin, je ne pourrai pas parler de toi à Karl avant plusieurs jours, car je reviens de Baden, où j'ai laissé ma Stanzi Marini, continua-t-il de la même voix mélancolique. Pourvu qu'elle ne prenne pas de trop longs bains et qu'elle n'attrape pas froid ! Et qu'elle évite de boire cette eau malsaine qu'on lui sert. Il n'y a rien de tel que le vin. Ma petite femme est si fragile… Voici deux années de cela, elle a failli mourir, et je remercie encore Notre Seigneur de l'avoir gardée en vie.

– Vous ne composez plus, *Herr Kapellmeister* ?

– Oh, c'est difficile. La maison est si triste sans Constanze et Karl ! Le seul bruit qu'on y entend est le trottinement des souris, elles s'en donnent à cœur joie. Alors, je sors, je vais à l'opéra ; je dîne en bonne compagnie…

– Mais, et votre *Flûte enchantée* ? s'inquiéta Viki.

– Je vais bientôt finir l'écriture des airs du premier

acte, mais je suis si remué par cet opéra que je ne peux ni les jouer ni les chanter… Il m'aura été plus facile de composer un motet[1] pour la fête du Corps du Christ !

Saisissant sa pipe, il se mit à la balancer de droite et de gauche en fredonnant un air grave. Il ne sembla pas entendre l'appel familier d'un joueur de billard qui le pressait de le rejoindre.

– J'ai composé ce morceau pour faire plaisir à mon ami Stoll, de Baden, reprit-il enfin, mais cela ne m'a rien rapporté. Il va encore falloir que je frappe aux portes pour trouver quelques florins… Je m'inquiète pour Constanze, Viki, et pour l'enfant qu'elle porte. C'est sa sixième grossesse, et si elle retombe malade, je ne voudrais pas que ma pauvre, excellente femme reste dans le désagrément !

Il avala une gorgée de café et resta silencieux. Jamais le compositeur, que la jeune fille avait connu si gai et prompt à la plaisanterie, ne s'était montré d'une humeur aussi sombre et elle décida de taire la perte de sa partition. Attristée par les soucis de son bienveillant voisin, elle s'éloigna après lui avoir transmis tous ses souhaits de bonne santé pour sa femme.

---

1. Chant d'église à plusieurs voix.

CHAPITRE 9

Air des amants

30 juin 1791.

Viki regarda l'horloge pour la dixième fois. Elle n'y tenait plus. Cédant à l'esprit démoniaque qui la démangeait depuis son réveil, elle reposa son bol de cacao, désormais vide, et, toujours en chemise, courut vers la chambre de Luisa. Dans une semi-obscurité, elle se dirigea tout droit vers le lit et bondit pour s'installer à califourchon sur la forme cachée sous les draps.

– Mademoiselle Luisa va manquer les vêprrres ! Mademoiselle Luisa est en rrretarrrrd ! lança-t-elle en contrefaisant l'accent russe de l'ancien professeur de chant de Luisa.

L'unique réponse qu'elle obtint fut un grommellement suivi d'une secousse, vain effort de sa sœur pour se retourner. Viki pouffa de rire et reserra sa prise. Elle était trop contente de sa supériorité pour lâcher rapidement sa proie. Un marmonnement incompréhensible acheva de la mettre en joie.

– Je ne comprrrends pas bien mademoiselle. Mademoiselle Luisa désirrre quelque chose ? reprit-elle, toujours en roulant les *r*.

Pour finir, elle se mit à sauter comme un cabri sur le lit, qui balança dangereusement. Quand Luisa parvint enfin à se dégager, elle se redressa, toute rouge de s'être démenée mais, par chance pour Viki, trop abasourdie pour entamer des représailles.

– Toi, tu es bonne pour l'hospice ! s'exclama-t-elle. Qu'est-ce qui t'a pris de m'attaquer ainsi, tu as vu un régiment d'Ottomans sous mes draps ?

Viki se recula pour s'asseoir en tailleur au bout du lit. Sa sœur était vraiment drôle à regarder, avec sa cornette de travers, mais Viki avait des informations importantes à lui soutirer, et mieux valait ne pas aggraver son cas en le lui faisant remarquer.

– Alors, c'était une belle réception ? L'empereur était-il là ? Et l'officier, t'a-t-il été présenté ?

À ces mots, Luisa, les yeux pétillants de malice, se cala plus confortablement sur sa tête de lit.

– Quel officier ? Je ne vois pas de qui tu veux parler…

– Ce n'est pas vrai ! Franz Lindor, le lieutenant de dragons !

– Ah, lui... Eh bien, il a une touffe de poils derrière chaque oreille, des canines aiguisées qui dépassent de sa bouche et seulement une...

– Arrête de te moquer de moi ! dit Viki en trépignant.

– Ah oui ? Et pourquoi donc aurais-je de la compassion pour ta curiosité ? persifla l'aînée. En as-tu montré envers mon sommeil ?

– Bon, je regrette... Alors, comment est-il ?

Luisa se leva et alla se regarder dans le miroir de sa coiffeuse.

– Oh ! quels cernes abominables, j'espère que Gertrud aura aussi un remède à cela. Le lieutenant Lindor est un homme... aimable. Il a l'esprit plaisant et le visage agréable... si on oublie la kyrielle de cicatrices qui en font une sorte de Mousseline au masculin.

Viki sourit à cette évocation de la poupée en chiffon. Compagne inséparable de Luisa pendant des années, elle avait subi tant de mauvais traitements qu'il avait fallu à Gertrud toute sa science de couturière pour prolonger son existence. Mais un beau jour Mousseline avait tout simplement disparu, et

Luisa avait soupçonné la domestique de l'avoir jetée dans un moment d'exaspération, sans toutefois parvenir à obtenir ses aveux...

– C'est un galant homme, je dois en convenir, il ne m'a pas tenu rigueur de ne lui avoir accordé que deux danses. D'ailleurs, s'il manie les armes aussi bien qu'il pratique le menuet, ce doit être un fameux guerrier.

– On dirait qu'il t'a tapé dans l'œil !

Luisa foudroya sa sœur du regard.

– Crois-tu que le premier prétendant venu peut me faire oublier Jan ? N'as-tu pas compris ? Mon cœur lui est définitivement acquis ! Rien ne me fera revenir là-dessus, pas même les projets de mariage de papa. Tiens, rends-toi utile, enlève les volets.

Tandis que Viki s'exécutait en retirant les panneaux de bois intérieurs, l'aînée s'assit devant sa coiffeuse et tenta de ses doigts fébriles de défaire le nœud de sa cornette.

– Papa t'en a reparlé ? demanda doucement Viki, consciente de l'émotion de sa sœur.

– Oui, dans la voiture, en rentrant de la réception. Il semble que la famille de Franz trouve cette alliance tout aussi désirable que papa... Elle voudrait que nous nous mariions à l'automne.

Luisa rejeta vivement ses cheveux enfin libérés du

bonnet en avant et entreprit de les brosser méthodiquement.

– Qu'as-tu répondu ?

– Que je ne me sentais pas prête… Et que si les Lindor étaient aussi intéressés, ils pouvaient bien attendre un peu.

– Bien dit !

– Anna m'avait soufflé les bonnes réponses. Enfin, ma chance a été que Mademoiselle ne soit pas venue avec nous !

– Si tu savais la tête de méduse qu'elle avait au souper : elle est apparue en cheveux, et les paupières gonflées à faire pâlir d'envie un crapaud ! Elle était vraiment dans un état épouvantable. Je me demande pourquoi elle est si affectée par cette rumeur de fuite ratée de Louis XVI. Elle claironne partout qu'elle a été présentée à Versailles, mais pour le reste je ne l'ai jamais entendue que critiquer le roi et Marie-Antoinette…

– Peut-être espérait-elle que, une fois le roi hors de Paris, ses privilèges reviendraient d'un coup de baguette magique… supposa Luisa. Du reste, il semble que l'évasion ait échoué de peu.

– Tu as appris quelque chose hier soir ?

– Oui, et plus que de vagues bruits. Le lieutenant Lindor s'est entretenu avec un émissaire tout juste arrivé du campement du marquis de Bouillé. Ce dernier devait couvrir la fuite du roi de France en lui envoyant un détachement de cavaliers, mais il semble que le retard de la berline qui transportait Louis XVI, la reine et leurs enfants n'ait pas permis aux cavaliers de les trouver. La voiture royale a été bloquée dans un bourg, Varennes, je crois, par des villageois après qu'un maître de poste[1] a reconnu le roi au portrait figurant sur du papier-monnaie ! La famille royale est repartie vers Paris au milieu des piques, des faux et des baïonnettes.

– Quelle infortune ! Sa Majesté doit être bien inquiet pour sa sœur[2].

– Sûrement. Papa avait justement un conseil à ce sujet ce matin. Bon, Viki, il va falloir que tu m'aides à m'habiller et à me recomposer une tête humaine, car je dois sortir.

– Où vas-tu ?

– Tu ne diras rien ? J'ai rendez-vous avec Jan dans un café où il va jouer.

– Je peux venir ? s'exclama Viki. S'il te plaît ! Cela

---

1. Personne qui tenait un relais de poste, lieu où on louait des chevaux « frais » pour remplacer les chevaux fatigués.
2. L'empereur Léopold II était le frère de Marie-Antoinette.

fait huit jours que je m'ennuie ici ! Charlotte a déjà quitté Vienne pour la montagne, et il n'y a plus personne en ville !

Viki n'avait rien dit à Luisa de la partition égarée la semaine précédente, pensant que le génie de sa sœur pour dramatiser les choses serait tout sauf une aide pour la retrouver. Elle gardait aussi profondément enfoui le sentiment de tristesse qui l'habitait depuis, comme si le lien renoué avec sa mère grâce à la partition s'était rompu au moment de sa disparition.

Luisa réfléchit à la demande de Viki, puis hocha la tête. Maintenant qu'elle avait eu l'imprudence de parler de Jan à sa sœur, peu importait que cette dernière le vît.

– Cela restera un secret entre nous, promis ? Et il faut encore que j'imagine une ruse pour endormir Gertrud.

L'heure suivante fut consacrée aux préparatifs de sortie. Luisa enfila une robe à l'anglaise couleur myosotis, à l'élégance simple, qu'elle rehaussa par l'ajout de manchettes de dentelle soulignant ses mains fines et longues. Viki se vêtit d'une robe d'indienne[1] aux motifs écarlates qui lui seyait

1. Tissu en coton imprimé, très à la mode à la fin du XVIIIe siècle.

particulièrement au teint. Un peu plus tard, Luisa se mit à la recherche d'Igor, qui, à ses cris, apparut bien plus vite que ce que les persiflages de Gertrud à son égard ne pouvaient laisser l'espérer. Viki suspecta le cocher d'avoir l'oreille moins dure quand il s'agissait de conduire de-ci de-là les filles de son maître que lorsqu'il devait effectuer des corvées sous la houlette de la cuisinière… Le nonchalant rouquin s'en alla alors chercher la voiture, qu'il avait attelée un peu plus tôt pour emmener Mademoiselle en ville.

Les sœurs Schweizer entrèrent dans le jardin du café vers deux heures. Igor avait conduit Attila à belle allure dans les rues étroites, sans blesser quiconque ni même effleurer un étal. Cette adresse n'aurait peut-être pas justifié qu'on conservât un fainéant aussi avéré, dont le seul motif de fierté était la distance prodigieuse à laquelle il projetait son jus de chique. Mais Igor bénéficiait d'un atout imparable : sa condition de cadet du boucher de Gumpoldskirchen, le village où la famille passait l'été, car Anton Schweizer, en gourmet prévoyant, se serait bien gardé de fâcher le père en renvoyant le fils.

Le quintette, composé de deux violons, deux altos

et un violoncelle, avait déjà commencé à jouer et toutes les chaises situées à l'ombre de la treille étaient occupées. Deux hommes se levèrent cependant pour laisser leur place aux deux nouvelles arrivées. Lorsque le morceau fut terminé, le violoniste tourna la tête vers elles et, de loin, fit signe à Luisa.

– C'est lui, l'homme au jabot, c'est Jan ! soufflat-elle à Viki.

– J'aurais reconnu sa crinière, ironisa cette dernière.

Les musiciens reprirent leur jeu, alternant des pièces enlevées avec des morceaux plus recueillis. Leur ensemble était agréable, parfois même brillant, mais Viki crut remarquer qu'il n'était à l'aise que dans un répertoire assez simple. Dès que des passages difficiles apparaissaient, la finesse du jeu s'estompait et les notes perdaient leur ciselure. Néanmoins, bercée par la brise venue du Danube, éblouie par le spectacle des barques et des chalands qui passaient sur le fleuve scintillant, la jeune fille ne fut pas la dernière à applaudir le quintette lorsque les musiciens se levèrent pour saluer.

Jan s'approcha avec son instrument et s'assit à la table qu'occupaient les deux sœurs. Ignorant Viki, il prit la main de Luisa et la porta à ses lèvres. À cet instant, la cadette regretta d'être venue et d'avoir ainsi encouragé sa sœur dans un projet en si évidente contradiction avec celui de leur père.

– Luisa, divine beauté, dit le violoniste, la nuit régnait sur cette assemblée, mais soudain tu as surgi, et ton astre a illuminé ce lieu et projeté ses rayons jusqu'aux confins de l'Empire germanique…

Viki jugea ce compliment excessif, mais lorsque le garçon se tourna vers elle et lui sourit, elle se trouva désarmée. Sa barbe en bouc, ses yeux lumineux, la chaleur de sa voix, ses manières sans affectation, tout en lui inspirait la confiance.

– Et voilà sans doute ta jolie sœur ! Également une musicienne de talent, si je ne me trompe pas ? Mes hommages, mademoiselle.

Le dénommé Jan fit mine de s'incliner avec pompe, ce qui ravit Viki et jeta à bas toute forme de timidité chez elle.

– Oh, Luisa a exagéré ! Je m'exerce au piano depuis six ans, pourtant j'ai l'impression de jouer un peu moins bien chaque jour. Ma sœur m'a dit que vous écriviez votre propre musique ?

– Oui, tous les morceaux que nous venons de jouer sont de ma composition, avança le violoniste, non sans un accent de fierté.

– Sauf celui en *mi* bémol de M. Mozart, que j'ai reconnu, précisa Viki.

– Vous avez dû confondre, car nous n'avons rien joué du *Kapellmeister*. C'est un formidable compositeur, à qui on ne peut reprocher que son talent : il mettrait sur la paille tous les musiciens de l'Autriche ! répliqua Jan avec un petit rire.

Viki, embarrassée par son erreur, se tut et suivit désormais la conversation sans intervenir. Sous les yeux béats d'admiration de Luisa, le violoniste raconta une soirée musicale à laquelle son quintette avait participé chez un prince. Les tenues des uns et des autres, les propos des invités, tout était habilement moqué par le Tchèque et fort drôle à écouter. Le montant de la gratification que le violoniste avait reçu du prince arracha des cris d'admiration aux deux sœurs. Enfin, il fallut se quitter, à grand renfort de soupirs.

– Alors, n'ai-je pas raison d'être éprise ? s'écria Luisa dans le fiacre qu'elles avaient hélé pour rentrer chez elles.

– C'est vrai qu'il a toutes les qualités ! répondit Viki sur le même ton. Que sais-tu de sa famille ?

– Son père travaille au gouvernement, à Prague. Jan m'a dit qu'il l'entretiendrait de notre projet de mariage lors de son prochain voyage là-bas. Dès qu'il aura son accord, il fera sa demande officielle à papa. Oh, Viki, j'ai tellement hâte !

– L'été à la montagne va te paraître diablement long ! compatit celle-ci.

Elle se réjouissait de voir sa sœur si heureuse. Jan était charmant. Le seul défaut qu'elle lui voyait était l'étoffe de sa redingote, vraiment par trop élimée...

– Oui, c'est bien la première fois que je renâcle à me rendre à Gumpoldskirchen. Tu sais comme j'aime nos promenades sur le mont Anninger et les après-midi musicaux chez les cousins Leody. Mais quelle misère de ne pas voir Jan pendant six semaines ! La seule chose qui me console, c'est les quelques lieues qui nous sépareront de Mademoiselle pendant ce laps de temps.

Viki acquiesça. Leur père, ne pouvant quitter Vienne en raison des pourparlers de paix avec l'Empire ottoman et des menaces de guerre contre la France, avait décidé qu'elles partiraient seules à la montagne en compagnie de Gertrud et d'Igor. Viki regrettait l'absence de son père, mais pas autant qu'elle ne se félicitait de l'éloignement temporaire de Mademoiselle qui en découlerait. Il lui aurait été d'autant plus pénible de la côtoyer à Gumpoldskirchen qu'elle espérait bien retrouver, dans le berceau de sa famille maternelle, l'insouciance de ses étés d'enfant. Un instant, son esprit s'évada le long des chemins caillouteux et sur les flancs herbus de l'Anninger, si propices aux parties de roulade avec Charlotte. Viki aspira soudain à ressentir la fraîcheur de leur maison de campagne, que d'épais murs de pierre protégeaient de la fournaise de l'été, et à entendre les cris de Ferdinand, le fils du voisin au visage constellé de taches de son, lorsqu'il voyait s'approcher leur voiture…

Quant le fiacre pénétra Rauhensteingasse, Luisa rompit le silence qui s'était installé :

– Au fait, pour notre sortie d'aujourd'hui, j'ai dit à Gertrud que tu m'accompagnais chez la couturière, à qui je devais rapporter ma robe de bal pour quelques reprises. Surtout, ne fais pas de bourde !

– Je vais essayer… je ne suis pas habituée à mentir.

– Oh, tout de suite les grands mots, Viki ! Tu sais, il va falloir que tu choisisses : la liberté, en faisant preuve d'un peu d'astuce ; ou la vertu, mais confinée dans ta chambre !

Viki réfléchit brièvement à la leçon de Luisa. En regardant les choses en face, le choix était déjà fait ; même sans autorisation, elle ne regrettait pas d'être allée à ce café.

– Et Igor ? Ne dira-t-il rien ?

– Igor a trop de choses à se reprocher pour se permettre une telle indiscrétion, déclara Luisa avec un fin sourire.

Viki, piquée par la curiosité, pressa sa sœur aînée de questions, en vain : Luisa se refusa à donner la moindre précision sur les agissements du cocher. Viki sortit du fiacre en méditant sur ce qu'elle venait de découvrir : plus elle vieillissait, plus la face cachée des êtres qui l'entouraient semblait prendre de l'importance. Elle pressentit soudain que l'avenir serait riche en révélations…

CHAPITRE 10

Air de la révélation

30 août 1791.

Au claquement de fouet, les quatre chevaux s'élancèrent avec nervosité et la voiture dans laquelle Anton Schweizer et sa femme avaient pris place pour se rendre au couronnement de Léopold II s'ébranla en soulevant un nuage de poussière. Luisa, saisie par une quinte de toux, recula précipitamment.

– Bon débarras ! Et si tu veux nous faire plaisir, ne reviens jamais de Prague ! s'exclama-t-elle dans la langue de Molière dès qu'elle fut en état de parler.

Les filles Schweizer n'étaient revenues de la montagne que depuis quelques jours, et pourtant il n'y avait guère que du soulagement dans leurs adieux à leur père et leur belle-mère. Pour Viki, le retour à Vienne, après six semaines d'ébats joyeux au pied du mont Anninger, s'apparentait à une succession de douches froides. Son père s'était refusé à se prononcer sur la reprise de ses cours avec Lukas, ce que Luisa avait immédiatement interprété comme une victoire de Mademoiselle ; Maria, en leur absence, avait été renvoyée et remplacée par une femme de chambre française, Céleste, qui ne connaissait pas le premier mot d'allemand ! Enfin, mauvaise nouvelle pour Luisa, le lieutenant Lindor avait été invité à souper dès leur retour, signe indubitable qu'Anton Schweizer n'avait pas abandonné ses projets de mariage. Devant cette accumulation de contrariétés, la bonne humeur de Viki avait fondu plus vite que neige au soleil, ne lui laissant que la nostalgie de son séjour estival et le sentiment que là-bas résidait toute la douceur de la vie.

Les deux sœurs, après un dernier coup d'œil sur la voiture qui disparaissait au coin de la rue, remontèrent à l'appartement. Ce fut Céleste qui leur ouvrit et elles jetèrent un regard noir sur la créature que Mademoiselle avait laissée derrière elle, certainement afin qu'elle lui rapportât leurs moindres faits et gestes. Malgré son hostilité pour la nouvelle venue, Viki ne pouvait s'empêcher de ressentir une pointe de compassion pour cette jeune fille à peine plus âgée que Luisa. Loin de sembler de connivence avec leur belle-mère, elle tremblait comme une feuille quand celle-ci lui adressait ses ordres, toujours d'une voix impatiente. Mais peut-être cette peur n'était-elle due qu'au souvenir des péripéties qu'elle avait connues en France : d'après leur père, Céleste s'était laissée entraîner dans un rassemblement organisé par les partisans français d'une république. Mal lui en avait pris : les soldats avaient fait feu sur la foule désarmée qui l'entourait, et le sang avait giclé des corps comme l'eau des fontaines de Versailles. Les hommes et les femmes étaient tombés par dizaines ; c'était un miracle qu'elle en eût réchappé.

– Viki, chuchota Luisa, Jan m'a donné rendez-vous devant la cathédrale. Peux-tu distraire l'attention de la moucharde ? Et dire que je me suis retirée dans ma chambre pour calmer une migraine ?

La cadette ne fit pas d'histoire et entraîna Céleste dans sa chambre sur un prétexte quelconque : il aurait fallu qu'elle n'eût pas de cœur pour refuser ce service à sa sœur. À Gumpoldskirchen, Luisa avait consacré ses journées à remplir fébrilement des pages de correspondance destinées à Jan, et ses nuits à espérer des réponses – le reste du temps étant occupé à des courses haletantes au relais de poste, où elle remettait elle-même ses lettres au cocher.

Pour toute récompense de ses efforts, elle n'avait reçu que deux missives en un mois et demi, de courts billets qui l'avaient fait passer, tour à tour, de l'abattement à l'exaltation. Enfin, la semaine viennoise qui venait de s'écouler n'avait pas été propice à des retrouvailles amoureuses, tant Luisa avait été harcelée d'obligations.

Quand Viki estima que sa sœur avait bénéficié d'un temps assez long pour disparaître, elle congédia la domestique. Luisa doit déjà être avec Jan, pensa-t-elle. Pourvu que tout se passe bien ! C'est quand même un coup de chance qu'il ne soit pas parti au couronnement comme papa et tant de sujets de Bohême… Son amitié pour Jan s'était raffermie après la visite du lieutenant Lindor, qu'elle avait jugé guindé dans son uniforme, criblé de cicatrices, et beaucoup plus âgé que son rival violoniste.

Viki se pencha par la fenêtre pour regarder dans la rue, sans se tourner vers celle du *Kapellmeister*, qu'elle savait close. Par son père, elle avait appris que M. Mozart avait reçu, seulement quinze jours plus tôt, la commande d'un opéra, *La Clémence de Titus*, destiné au couronnement de Léopold II. Le compositeur avait dû partir pour Prague sur les chapeaux de roue. Anton Schweizer s'était d'ailleurs offusqué tout haut du délai ridiculement court octroyé au maestro, accusant les musiciens italiens de la cour d'avoir tout tenté pour faire échouer leur prestigieux collègue. « La jalousie, quel sot enfant de l'orgueil ! » avait-il maugréé.

Viki, elle, s'était demandé comment Wolfgang Mozart parviendrait à concilier l'écriture de deux opéras. Elle s'interrogeait aussi sur la santé du dernier rejeton de la famille. L'enfant avait dû voir le jour vers la fin juillet, et la jeune fille espérait qu'il avait survécu. Elle avait compris que le couple Mozart avait déjà perdu quatre enfants, un cinquième décès aurait nécessairement été un coup très dur.

Un peu plus tard, Viki entendit un caillou heurter sa vitre. C'était le signal convenu avec Luisa pour qu'elle la fît rentrer discrètement dans la maison. Par chance, Céleste s'était endormie sur un fauteuil du salon, la bouche grande ouverte. Viki s'amusa à l'écouter ronfler comme un sonneur et à imaginer la réaction que Mademoiselle aurait eue si elle l'avait surprise dans cette position. Elle aurait certainement poussé des cris d'orfraie, même si la jeune femme avait travaillé jours et nuits pour boucler ses malles…

Luisa montait les marches quatre par quatre. À ce seul indice, Viki sut que le rendez-vous s'était bien passé. Dès le vestibule, elle lui fit signe que la Française dormait et que la voie était libre. Elles se rendirent dans la cuisine, où Luisa, pâmée de bonheur, tomba dans les bras de sa sœur.

– Oh, Viki, quelle honte d'avoir douté de Jan ! lui dit-elle sur un ton vibrant. Je l'ai retrouvé égal à lui-même, et encore plus épris qu'à mon départ. Il m'a avoué ne guère aimer correspondre, mais a composé plusieurs morceaux pour moi en mon absence. Quel amour, non ?

– Vous êtes donc toujours décidés à vous marier ?

– Plus que jamais ! D'autant que sa famille s'est montrée favorable à nos intentions. Je parlerai à papa dès son retour. Et s'il persiste à vouloir faire de moi une Lindor, il verra de quel bois je me chauffe ! Dis, la moucharde a l'air bien endormie : cela te tente d'essayer la baignoire de Mademoiselle ?

Viki écarquilla les yeux : sa sœur n'était décidément jamais à court d'idées saugrenues !

– Il paraît que c'est très agréable, surtout quand il fait chaud ! insista Luisa. Jamais une telle occasion ne se représentera !

– Gertrud va piailler !

– Je te rappelle que Gertrud a demandé sa journée pour rendre visite à son frère. Personne n'en saura rien ! Et puis, j'ai vu qu'Igor avait remonté plusieurs seaux d'eau, tout est prêt.

– Entendu ! s'exclama Viki, soudain contaminée par l'enthousiasme de Luisa.

Les deux filles se dirigèrent vers le cabinet de toilette où se trouvait la baignoire, afin d'évaluer le nombre de seaux nécessaire pour la remplir. En traversant la chambre de Mademoiselle, Viki s'arrêta, en proie à un trouble inconnu : quelque chose retenait son attention, sans qu'elle sût exactement quoi. Au cours des allers et venues qui suivirent, la pénible impression qu'un souvenir important se dérobait à elle persista. Mais quand elle se plongea en chemise dans la baignoire, le contact avec l'eau froide lui arracha des cris de saisissement et elle oublia tout. Puis Luisa l'aspergea, et d'un coup de baguette magique, elles ne furent plus que deux enfants s'ébattant sur les berges du torrent de Gumpoldskirchen. Un dernier éclat de rire accompagna leur sortie : elles se trouvaient tellement drôles, avec leur chemise collée contre le corps et leur bonnet dégoulinant d'eau !

Ce ne fut que plus tard que Viki comprit. Le sang retourné, elle courut dans la chambre de

Mademoiselle. Il lui fallut se rendre à l'évidence : dans les lieux flottait un subtil mais indéniable effluve de chèvrefeuille. Emplie d'une froide détermination, elle tira le loquet de la porte et, meuble par meuble, entreprit de fouiller la pièce dans le détail. Le cœur battant, elle examina les sept tiroirs du semainier ainsi que ceux de la coiffeuse, passa la main sous le matelas du lit, ouvrit le secrétaire et, sans être assaillie par le moindre scrupule, en consulta tous les documents. Point de partition. L'inspection en règle du cabinet de toilette ne donna pas plus de résultats. Désemparée, Viki s'assit sur le lit et fit du regard un dernier tour de la chambre. Peut-être Mademoiselle avait-elle tout bonnement jeté la feuille de musique ! Elle s'apprêtait à abandonner ses recherches, quand elle remarqua le vase en porcelaine qui contenait des branches de buis séché, souvenir de la précédente messe des Rameaux[1]. Un feuillage aussi rabougri par la sécheresse ne pouvait pas tremper dans de l'eau… En moins de temps qu'il ne faut pour le dire, Viki s'était emparée du récipient et en avait retiré le

---

1. Le dernier dimanche avant Pâques, l'Église catholique célèbre l'entrée de Jésus à Jérusalem. Les croyants agitent ce jour-là des rameaux (de buis, d'olivier).

rouleau qui s'y trouvait caché ! «Pour Viktoria, petit canari viennois…» furent les premiers mots qu'elle put lire en déroulant la feuille. Une émotion intense la traversa, puis la haine surgit, si brutale qu'elle lui coupa le souffle.

Agrippée au rouleau comme si quelqu'un allait tenter de le lui arracher, elle retourna dans sa chambre et s'assit devant son secrétaire. Après avoir trempé sa plume d'oie dans l'encre noire, elle se mit à écrire d'une main lente mais sûre :

Madame,

Il ne vous suffisait pas de m'avoir volé mon père ; vous avez aussi volé ma partition et les souvenirs qui lui étaient attachés. Je tairai ceux-ci, car vous ne les comprendriez pas. Une seule chose est sûre : votre geste a sali un cadeau de grande valeur. Peut-être ignoriez-vous que cette feuille de musique était signée de M. Mozart ? Peut-être vous en moquiez-vous ? Dans les deux cas, je ne peux que vous plaindre.

Viktoria Schweizer

La lettre vint prendre la place de la partition à l'intérieur du vase, où Viki, balançant entre hargne et soulagement, l'abandonna à son destin.

CHAPITRE 11

Air de la Reine de la nuit

10 septembre-fin octobre 1791.

Viki ouvrit les yeux et les referma aussi vite. À quoi bon mettre le pied dans un jour qui se présentait aussi mal. Les cris, les portes claquées de la veille résonnaient encore dans sa tête. Luisa avait beaucoup contrarié leur père, précipitant celui-ci dans une colère noire. Sa sœur avait eu tort de solliciter un entretien avec lui dès son retour de Prague, alors qu'il arrivait fourbu de son voyage. De leur conversation, Viki n'avait suivi que les éclats, mais elle pouvait reconstituer la scène comme si elle y avait assisté : sa sœur annonçant à leur père qu'elle aimait Jan et que ce serait malhonnêteté de sa part d'épouser Franz ; leur père s'insurgeant en découvrant la liaison de sa fille avec un inconnu ; sa sœur jurant qu'elle ne pourrait être heureuse autrement, leur père la traitant d'« oie blanche », pire, de « fille facile qui ne méritait que le couvent jusqu'au mariage». Réfugiée dans son lit, avec un oreiller pour seul rempart contre les voix aiguës qui s'insinuaient en elle, Viki avait attendu en priant pour que la dispute cesse. Longtemps, le plancher avait vibré comme s'il allait céder et engloutir ce qui lui restait de famille. Elle s'était finalement endormie, le rouleau de sa partition serré contre son cœur.

La jeune fille gardait les yeux fermés, mais son esprit était en pleine ébullition. Dans quelle disposition serait son père après cette épouvantable dispute ? Luisa se plierait-elle à ses volontés ? Et elle-même, comment supporterait-elle Mademoiselle maintenant qu'elle avait découvert son vol ? Depuis dix jours, elle ruminait la gravité de ce geste, sans parvenir ni à le pardonner ni à l'oublier. Entre les exactions de sa belle-mère et la colère de son père, il lui semblait voir se lézarder inéluctablement l'édifice familial que la mort de sa mère avait déjà ébranlé.

Après un long moment, la faim incita Viki à se lever. La maison était calme : avec un peu de chance elle ne verrait que Gertrud. À peine eut-elle mis un pied par terre qu'elle remarqua la feuille glissée sous sa porte. Dans l'obscurité, sa blancheur avait quelque chose de maléfique, et Viki la ramassa avec appréhension.

Ma petite sœur chérie,

Je suis partie retrouver Jan. Je ne puis plus vivre sous ce toit où tout bonheur m'est refusé. Ne t'inquiète pas, je sais ce que je fais. Jan et moi quittons Vienne pour des contrées où nous pourrons vivre de notre musique. Ne sois pas triste, Viki, pense à mon bonheur.

Luisa

La lettre plongea Viki dans la sidération. Elle se rendit dans la chambre de sa sœur ; mais même après avoir constaté que celle-ci était vide, l'impression que cette nouvelle ne pouvait être vraie persista. Elle décida de ne rien dire à personne avant le soir. Après tout, peut-être Luisa changerait-elle d'avis et rentrerait-elle dans la journée, ce qui éviterait une catastrophe…

Les heures s'écoulèrent sans que cette hypothèse se confirmât. Au moment du dîner, Gertrud s'inquiéta de l'absence de l'aînée des Schweizer et du manque d'appétit de la cadette, mais cette dernière s'en tint à ses intentions et ne desserra pas la mâchoire.

Quand son père rentra de la chancellerie, vers six heures du soir, Viki, sans dire un mot, lui tendit la lettre de Luisa. Elle attendit les yeux baissés la réaction paternelle, qui ne tarda pas :

– Qu'est-ce que cette nouvelle fadaise ?! s'exclama-t-il. Ta sœur pourrait-elle arrêter de croire qu'elle est mon unique source de soucis ?! Où est-elle ? Et d'où sort cette lettre ?

Viki dut avouer que la missive datait au plus tard du petit matin et que Luisa n'avait pas réapparu de la journée. Anton Schweizer blêmit, comme s'il ne s'était pas attendu à cette réponse. Un instant plus tard, toute la maisonnée, Mademoiselle, Gertrud, Céleste, Igor et Viki, était regroupée autour du maître des lieux. Celui-ci ne se départit pas d'un ton glacial, bien plus effrayant que ses colères antérieures :

– Luisa semble s'être enfuie. J'espère que ce n'est qu'un coup de tête et qu'elle va revenir avant la nuit. D'ici là, nous allons vérifier qu'elle n'est pas tout bonnement chez des amis ou de la famille.

Il distribua ensuite ses consignes sur le ton d'un général préparant un assaut, sans prononcer un mot inutile. Viki jeta un coup d'œil à Mademoiselle, qui affichait un air ennuyé. Sans doute est-elle navrée que les frasques de Luisa lui gâchent sa soirée, pensa amèrement la jeune fille. Puis tous se dispersèrent, chacun en charge d'une mission précise.

Les recherches familiales n'aboutirent pas, pas plus

que celles que la police diligenta à la demande de l'empereur lui-même. L'enquête arriva rapidement à la conclusion que Luisa Schweizer avait quitté l'Autriche sous une fausse identité. Quant à Jan, si on retrouva bien des tenanciers de café se souvenant de lui et de son quintette – sans d'ailleurs connaître son patronyme –, on ne put rien apprendre du prince évoqué par Jan devant Viki, qui nia formellement avoir jamais convié un tel ensemble à une soirée musicale. Ces maigres trouvailles ne se conclurent finalement que par une seule et désespérante certitude : les chances de mettre la main sur le couple évanoui dans la nature étaient nulles.

Anton Schweizer, passé l'espoir des premiers jours, se mura dans un mutisme chargé d'ombres qui rappela douloureusement à Viki l'année qui avait succédé à la mort de sa mère. La maison entière devint silencieuse, personne n'osant rompre le voile de tristesse qui la recouvrait. Pourtant, la jeune fille gardait en son for intérieur les mots de Luisa : « Pense à mon bonheur. » À partir des quelques souvenirs livrés par Lukas sur sa vie de bohème, elle se bricola une image naïve et rassurante du quotidien des musiciens itinérants… ce qui ne l'empêchait pas, chaque soir, d'associer sa sœur à ses prières et d'implorer Dieu de la garder des maladies et des périls de la route.

Quelque temps après la fin des recherches, Viki rencontra Constanze Mozart devant la cathédrale Saint-Étienne.

– Viki, cela fait si longtemps ! Tu as une petite mine, quelque chose ne va pas ?

La jeune fille esquiva la question pour prendre des nouvelles de son nouveau-né.

– Oh, notre petit Franz Xaver se porte à merveille. Son appétit insatiable épuise la nourrice et il forcit tous les jours. Ce n'est pas comme mon pauvre Wolfi ! Cet opéra du couronnement l'a éreinté. Pendant trois semaines, il n'a pas lâché la plume, y compris dans la voiture qui nous emmenait à Prague ! Et le jour du couronnement il a été si malade qu'il n'a dirigé l'orchestre que d'une main pour se tenir de l'autre. Enfin, mon époux est incorrigible : à peine rentré, sans même s'accorder une journée de repos, il s'est remis à sa *Flûte enchantée*.

Viki lui demanda alors si cet opéra serait bientôt présenté au public.

– Tu n'es pas courant ? La *Flûte* sera jouée au Theater auf der Wieden à partir du 30 septembre. Il ne reste plus à Wolfgang qu'à écrire le finale de l'acte II, les répétitions vont commencer. J'espère que tu pourras assister à la première représentation : Wolfi la dirigera en personne !

Le soir même, malgré l'atmosphère maussade qui régnait au souper, Viki se permit de demander à son père l'autorisation de se rendre à une représentation du dernier opéra de M. Mozart. M Schweizer la dévisagea d'un air sévère.

– As-tu vraiment le cœur à te divertir, Viki, alors que ta sœur court les routes comme une gueuse ?

Le silence se fit et l'intéressée se tassa sur elle-même. C'est alors que Mademoiselle intervint :

– Anton, Viki n'est aucunement responsable de l'attitude de Luisa et il serait injuste de la punir de cette sorte.

La jeune fille ouvrit des yeux ronds de surprise. En l'absence de réponse de son époux, Mademoiselle insista :

– N'avez-vous pas dit, lors de la cérémonie de couronnement de Léopold II, que *La Clémence de Titus* vous transportait de bonheur et que M. Mozart était la gloire de l'Empire ? N'avez-vous pas aussi regretté que l'empereur fasse aussi peu cas de lui ? Pourquoi priver Viki de ce spectacle ?

– Parce que M. Mozart se mêle beaucoup trop de

franc-maçonnerie, cela lui fait du tort. L'empereur goûte de moins en moins l'implication des francs-maçons dans la propagation des idées révolutionnaires… Je me garderai donc de voir ce nouvel opéra.

– Dans ce cas, m'autoriserez-vous à y emmener Viki ?

Le fonctionnaire jeta un coup d'œil vers sa fille, puis hocha la tête.

– Je ne m'y opposerai pas.

Le vendredi 30 septembre, vers six heures du soir, Viki, Augustine Schweizer et Charlotte Leody grimpèrent dans un fiacre pour se rendre dans le faubourg populaire, situé au-delà des remparts, où se jouait *La Flûte enchantée*. Jusqu'au dernier jour, la cadette des Schweizer s'était interrogée sur les véritables intentions de Mademoiselle. La méfiance avait succédé à sa stupéfaction initiale : la Reine de la nuit était bien capable de la décevoir ; peut-être avait-elle découvert sa lettre et voulait-elle se venger ? Mais non, le matin même, elle lui en avait reparlé avec grand naturel, allant jusqu'à lui proposer d'inviter sa cousine, ce qui fut fait au pied levé.

Les Viennois qui se pressaient autour de l'entrée du théâtre étaient plutôt d'un genre fruste, mais, en dépit des craintes de Viki, Mademoiselle ne fit pas de remarque désobligeante. Confirmant son humeur bienveillante, elle n'hésita pas à choisir une des meilleures loges, parmi celles situées près de l'orchestre. Puis toutes trois se frayèrent un chemin dans la cohue. Autour d'elles, on ne parlait que de Schikaneder, comme si les gens n'étaient venus que pour les performances de cet acteur et non pour la musique de Mozart – ce qui, du reste, n'était guère surprenant tant son nom apparaissait en petit sur l'affiche.

Il fallut un certain temps pour que chacun trouvât sa place dans l'étroit théâtre en bois, et que l'agitation se tassât. À l'apparition des musiciens, la foule houleuse du parterre concentra enfin son attention sur l'orchestre. Viki vit alors M. Mozart entrer et s'installer devant le clavecin. Il paraissait si fluet, dans cet ensemble de musiciens, qu'elle eut soudain peur que le spectacle ne le dévorât tout cru. Pétrie d'angoisse, elle agrippa le bras de sa cousine, qui lui jeta un coup d'œil intrigué.

Dès l'ouverture de *La Flûte enchantée*, la jeune fille cessa de s'inquiéter : de la musique, parfois vive, parfois toute en retenue, émanait une force mystérieuse et sacrée qui la riva à son fauteuil. Au cours du premier acte, les airs se succédèrent avec brio, les facéties de l'oiseleur alternant avec le chant d'amour du prince Tamino et la gravité du prince Sarastro, si bien que Viki, époustouflée, applaudit à tout rompre, la dernière note du finale évanouie. Malheureusement, le reste de la salle ne semblait pas aussi convaincu qu'elle : le public hésitait, apparemment déconcerté par la nouveauté et la richesse musicale d'une œuvre mêlant airs populaires viennois, *bel canto* italien et musique religieuse. Le *Kapellmeister*, pâle et défait, se sauva dans les coulisses. Viki, un nœud dans l'estomac, aurait bien payé les spectateurs pour qu'ils se manifestent en faveur de Mozart. Mais ses quelques florins d'économie n'y auraient pas suffi et elle dut se contenter de prier pour que le deuxième acte eût plus de succès. Charlotte, elle, ne cachait pas sa joie.

– Ce que j'ai préféré, c'est Papageno, avec son appeau et ses clochettes magiques ! Il m'a fait beaucoup rire ! s'exclama-t-elle. Les machines aussi sont très réussies, cela m'a rappelé notre spectacle d'automates, pas toi, Viki ?

– Moi, j'ai aimé l'apparition des trois garçons qui guident Tamino : n'aurait-on pas dit qu'ils voulaient nous ouvrir une voie vers le ciel ? enchaîna celle-ci. Et vous, Madame ? demanda-t-elle pour être aimable, en se tournant vers sa belle-mère.

Cette dernière prit un air réfléchi, comme si elle pesait ses mots.

– Je n'ai pas compris grand-chose, le texte en allemand était difficile à suivre. Mais il y a eu de jolis airs et l'orchestre était agréablement varié…

Viki resta un instant sans voix. Le compositeur avait fait preuve d'audace en ajoutant aux traditionnels instruments à cordes des cuivres, des percussions et une variété de bois : hautbois, clarinettes, bassons… Leur présence enrichissait considérablement l'œuvre. Que sa belle-mère, une si piètre mélomane, l'eût remarqué était inespéré et la jeune fille décida de classer cette réponse parmi les récentes manifestations du « miracle » Mademoiselle. Elle n'eut cependant pas le loisir de méditer longtemps sur les tenants et les aboutissants de ce changement, car le rideau se leva de nouveau. L'attention des spectateurs s'était dissipée pendant l'entracte, mais, très vite, l'aria du prêtre Sarastro, d'une grande noblesse, répandit un souffle de recueillement dans le théâtre. C'est donc dans un silence général que le public accueillit la deuxième apparition de la Reine de nuit, dont la colère éclata en vocalises suraiguës et presque surnaturelles. On n'avait jamais rien vu de tel sur scène. Devant tant de virtuosité musicale, la salle frissonna, puis sembla prise d'un accès de fièvre. Dès lors, le public vibra à l'unisson avec les acteurs : des appels au *bis* saluèrent le deuxième air des trois garçons, d'une limpidité glacée, et une vague d'hilarité souleva le théâtre lors du duo de Papageno et Papagena, que soulignait un carillon espiègle.

Quand le rideau tomba définitivement, après les dernières notes de flûte et la victoire de Tamino sur les forces de la Nuit, la foule était conquise. Les chanteurs, les musiciens, tous les acteurs de cet incroyable spectacle furent ovationnés. Viki regarda avec émotion le petit homme se lever et saluer, un peu embarrassé, mais chaque seconde un peu moins incrédule et plus rayonnant de son succès.

– Merci, Viki, de nous avoir emmenées ici, dit simplement Mademoiselle en sortant. Je n'aurais voulu rater cette soirée pour rien au monde.

La jeune fille, pour cette phrase, aurait presque embrassé sa belle-mère. Comme son bienveillant voisin devait être content de son opéra allemand ! Les Viennois avaient compris sa musique, et même Mademoiselle l'avait appréciée. Cela en disait long sur son talent de musicien…

Ce spectacle digne des fées fut salutaire : il

illumina quelques heures de la vie de Viki et projeta son auréole d'espérance sur les sombres semaines qui s'ensuivirent. Le mois d'octobre avança en effet sans qu'on reçût de nouvelles de Luisa. Les deux tourtereaux s'étaient bel et bien évanouis dans la nature. Cahin-caha, la vie continua, y compris pour Viki, qui avait renoué avec les cours de musique et de langue. Mais si chacun évitait soigneusement d'aborder le sujet de la disparition de l'aînée des Schweizer, cette dernière était dans tous les esprits, et sa personne si attachée à chaque objet et à chaque occasion familiale qu'on s'attendait à la voir surgir à tout instant. Son absence agissait tel un filtre maléfique, ternissant les choses les plus simples : Gertrud ne savait plus cuisiner, Viki jouait du piano sans goût, Anton Schweizer portait les rares conversations comme un fardeau titanesque, tandis que Mademoiselle tentait vainement d'animer la maisonnée. Seuls Igor et Céleste échappaient au sortilège : à la faveur de leur jeunesse, se développait entre eux une amitié propre à augmenter le zèle de l'un et à panser les plaies de l'autre, ce dont tous se seraient félicités s'ils en avaient pris conscience…

De la Petite Maison impériale voisine n'émanait pas plus de gaieté. Le compositeur, en raison sans doute du succès croissant de *La Flûte enchantée* et de l'absence de Constanze, repartie en cure à Baden, ne cessait de s'agiter et de multiplier les allées et venues. Rares étaient les soirées où la lumière brillait dans son cabinet de travail.

Ce fut vers la fin du mois d'octobre que se produisirent deux événements d'une correspondance troublante. D'une part, la rue se mit à résonner d'airs funèbres. Wolfgang Amadeus Mozart composait un requiem ; pour qui, nul ne le savait[1]. D'autre part, Anton Schweizer reçut une lettre des plus intrigantes, postée de Vénétie : elle ne comportait pas de cachet, son nom était écorché et l'adresse plus qu'approximative, au point que son arrivée à destination constituait en soi un petit miracle. Le fonctionnaire l'ouvrit avec une moue qui ne cachait pas son dédain envers un expéditeur aussi négligeant, mais qui s'effaça très vite à sa lecture.

Monsieur, était-il écrit en italien, *si vous êtes le père*

---

1. Pas même Mozart, qui reçut au cours de l'été 1791 la visite d'un messager inconnu. Celui-ci portait une lettre non signée lui demandant s'il acceptait de composer une messe des morts. Suite à sa réponse positive, le messager revint ultérieurement pour apporter la somme convenue.

de Luisa, hâtez-vous de venir. J'ai recueilli votre fille si mal en point que seul un bref moment de lucidité lui a arraché le nom de sa famille et le lieu où elle se trouvait. Je ne puis répondre de ses jours, faute de ressources pour payer le médecin.

Signora Tategliani, via Roma, Padova

De Jan, il n'était donc pas fait mention. Viki n'assista pas à la scène, mais Gertrud lui raconta que plusieurs minutes après avoir lu cette lettre son père tremblait encore de tous ses membres.

Cette fois-ci, Anton Schweizer ne réunit pas sa famille. Il partit le lendemain même, au petit matin, pour Padoue, accompagné d'un de ses fidèles amis, tandis que le reste de la maisonnée entamait une attente anxieuse, brouillée par les hypothèses sur l'état de Luisa et les raisons de sa maladie.

CHAPITRE 12

Air de la mort

Fin novembre-décembre 1791.

Viki regardait les flocons tourbillonner et virevolter dans le vent, plus légers que des plumes en cette fin d'automne. Il régnait dans la rue un calme inhabituel, comme si chacun emmagasinait des forces en prévision de l'hiver qui s'annonçait. Au milieu de ce paysage gris, ouaté, flottaient les notes lentes et douloureuses d'un *Kyrie*[1] que composait le *Kapellmeister* Mozart.

« Prends pitié, Seigneur... » Oui, Seigneur, prends pitié de nous, et ne nous abandonne pas, pensait la jeune fille. Mais elle avait tant prié ces jours derniers, tant prié sans voir ses souhaits s'exaucer, que même ces mots ne lui offraient plus de consolation.

1. Chant liturgique de l'Église catholique reposant sur une prière dite en grec, le *Kyrie eleison*.

La douleur avait bouleversé beaucoup de choses, y compris l'émerveillement qui accompagnait auparavant la première chute de neige. D'ailleurs, qu'avait-elle encore en commun avec la fillette qui, un an plus tôt, collait son nez sur la vitre et s'amusait à y laisser des auréoles de buée ?

Sans savoir pourquoi, le souvenir du bain volé à Mademoiselle lui revint en mémoire. Cher moment de rires partagés et de vibrante complicité… Luisa, que son tempérament vif-argent, ses facéties, ses audaces, son insoumission rendaient si attachante aux yeux de Viki, s'était immolée toute seule sur l'autel de la liberté. La ruine de ses espérances l'avait brisée comme un rameau de l'année.

Il avait fallu à Anton Schweizer près d'une semaine pour ramener sa fille aînée de Vénétie, son corps enfiévré ne pouvant supporter de longues étapes. La jeune fille délirait et c'est ainsi que son père avait recomposé les étapes de son périple : Jan ayant pris la poudre d'escampette, Luisa avait échoué dans une mauvaise auberge de Vénétie qui avait englouti ses dernières ressources. La malheureuse s'était finalement retrouvée à la rue et, exsangue, n'avait dû son salut qu'à la brave paysanne qui l'avait recueillie et arrachée à l'antichambre de la mort. L'arrivée d'Anton Schweizer à l'appartement resterait gravé dans la mémoire de Viki. Le corps décharné de la fuyarde flottait dans les bras vigoureux de leur père, et sa tête, abandonnée, pendait en arrière, dévoilant une chevelure plus blanche que blonde ; en quelques mois, Luisa était devenue une vieillarde.

Viki s'arracha à ses sinistres pensées. Il était temps de regagner le chevet de sa sœur, et plus opportun de l'égayer que de se lamenter. Le piano dehors égrenait toujours des notes solennelles. M. Mozart travaillait à son requiem, mais dans quel état d'esprit ? Savait-il que Luisa se mourait non loin de lui ? Viki n'avait pas eu le temps de lui rendre visite, mais la musique de son dernier opéra brillait toujours comme un mince falot dans un coin de sa tête. Une phrase, surtout, du livret de *La Flûte enchantée* occupait son esprit. Souvent, elle se la répétait, fascinée par ce qu'elle mêlait d'espoir et de douleur : « Par la force de la musique, nous arriverons joyeux au travers de la sombre nuit de la mort. »

Elle retourna auprès de Luisa. Le médecin avait achevé sa visite quotidienne et était parti. Elle attendit quelques instants, scrutant le visage de sa sœur dans l'espoir d'y lire un quelconque signe de vie. Alors, comme chaque jour depuis que son aînée était de retour à la maison, Viki se mit à lui chanter doucement la berceuse qui l'avait accompagnée et réconfortée ces derniers mois :

– « *Leise, Peterle, leise*, la lune part en voyage. Elle est montée sur son cheval blanc, qui avance doucement comme en un rêve. Chut, Pierrot, chut ».

Puis elle se tut, se contentant de serrer la main lâche de sa sœur.

Peu après, Mademoiselle s'assit discrètement à ses côtés. Leur relation s'était apaisée depuis la soirée à l'opéra. La musique a su adoucir son cœur, aimait à penser Viki. Quelle qu'en fût la raison, la Française ne s'opposait plus à ce qu'elle jouât de la musique ni à ce qu'elle chantât. Mieux encore, depuis la dramatique réapparition de Luisa, elle multipliait les gentillesses envers Viki et Anton.

– Je regrette, pour ta partition, murmura soudain Mademoiselle. C'était un enfantillage de ma part, mais je ne supportais plus de t'entendre jouer chaque jour la même ritournelle. J'étais convaincue que tu la répétais indéfiniment dans le seul but de m'exaspérer.

– Ce n'était pas le cas, répondit la jeune fille à voix basse, sans la regarder.

– Je te demande pardon, Viki. Je me suis mal comportée… Tous trois, vous ne sembliez pas avoir besoin de moi, vous formiez une famille heureuse... Ce n'est que lorsque Luisa est partie et que vous avez tous tant souffert que j'ai compris que je pouvais contribuer à votre bonheur. Je voudrais tellement que Luisa le sache...

Viki lui tendit son autre main, formant ainsi un maillon entre sa sœur et sa belle-mère. Il n'y avait rien à ajouter.

Le 4 décembre, Viki entendit l'air de Papageno qui montait du cabinet de travail de M. Mozart. Elle se félicita qu'il se fût enfin tourné vers un autre sujet qu'une messe des morts. Elle avait bien tort de se réjouir. Au cours de la nuit suivante, un cauchemar particulièrement saisissant la réveilla en sursaut. Elle courut à la chambre de Luisa, et ne fut rassurée qu'après avoir vérifié qu'elle respirait normalement.

Le lendemain matin, son attention fut attirée par le nombre inhabituel de visiteurs qui piétinait, la mine grave, devant la maison des Mozart. Viki craignit immédiatement pour la vie du dernier-né et elle descendit l'escalier quatre à quatre pour aller prendre des nouvelles. Devant la Petite Maison impériale, elle buta sur une jeune femme qui en sortait et dont la ressemblance avec Constanze était frappante. Une de ses sœurs, à n'en pas douter. Elle avait le visage blême, les yeux rougis ; le cœur de Viki se serra. Son intuition était juste : un drame avait eu lieu ! Après s'être présentée, la jeune fille demanda des nouvelles de Franz Xaver. La réponse sonna comme un coup de tonnerre :

– Mon neveu se porte bien. Mais notre cher Wolfgang n'est plus.

La voix se brisa, et pendant un instant Viki craignit que la femme ne s'effondrât tout bonnement sur le pavé. Puis celle-ci se reprit et précisa :

– Il s'est éteint peu avant une heure ce matin. La maladie l'aura emporté en quelques jours ! Il était encore si gai il y a peu de temps. Personne ne le croyait quand il disait qu'il allait mourir et qu'il composait ce chant funèbre pour lui-même ! Ah, ma pauvre sœur ! Quelle perte !

Tandis que la jeune femme s'éloignait en titubant, Viki demeura figée sur la chaussée. Ainsi, le *Kapellmeister* était mort ! Jamais plus elle n'entendrait de musique jaillir de cette maison, que ce soient les airs de Papageno, les mouvements d'un concerto pour piano ou le lent tempo d'une messe. Elle resterait orpheline de l'ombre bienveillante du maître de musique, de ses rires et de ses plaisanteries… Pour autant, elle savait déjà qu'elle n'oublierait jamais ni son excellent cœur, dont témoignait la petite musique écrite pour elle, ni la fulgurance de ses improvisations ou la perfection de sa *Flûte enchantée*.

L'enterrement de Mozart eut lieu le lendemain. Le cortège funèbre s'ébranla de la cathédrale en début d'après-midi et se perdit peu à peu dans la brume. Seules deux poignées d'amis ou d'admirateurs accompagnaient le modeste convoi.

Le soir même, alors que Viki chantait une énième fois sa berceuse, Luisa tourna vers elle son visage amaigri et lui dit d'une voix rauque :

– J'ai faim.

Le chant des morts s'était éteint, la vie reprenait ses droits.

À compter de cet instant, Luisa récupéra, lentement mais sûrement, de l'épisode malheureux de sa fugue avec Jan. Celui-ci ne réapparut pas : le beau merle, après avoir épuisé sa panoplie de mensonges, s'était enfui à tire-d'aile chercher une nouvelle conquête à qui jurer son amour éternel. Il obtint certainement beaucoup de succès, tant il excellait à combler par des fables son peu de talent, de biens et de constance.

Il fallut longtemps à Luisa pour comprendre l'erreur qu'elle avait faite en nimbant Jan de tout son amour pour la musique. Deux ans plus tard, elle épousa Franz Lindor, qui, par sa patience, avait su démontrer la solidité de ses sentiments et les qualités de son cœur.

Viki ne sut jamais ce qui avait sauvé Luisa, mais la conviction que sa guérison était le dernier cadeau de Mozart ne l'abandonna jamais.

Entre fiction et réalité : quelques éclaircissements de l'auteur

Wolfgang Amadeus Mozart n'est pas un être mystérieux en soi : les centaines de lettres qu'il rédigea, la plupart du temps lors de ses voyages, de sa jeunesse aux derniers jours de sa vie, nous éclairent sur ses ambitions, son tempérament, ses goûts ou ses humeurs. Pour moi, il n'était donc pas question d'inventer un personnage, mais plutôt de mettre à profit cette épaisse correspondance pour esquisser un portrait proche de la réalité historique. Bien sûr, toute lettre, forcément teintée des liens existants entre le rédacteur et son destinataire, doit être lue avec précaution. La biographie de Jean et Brigitte Massin m'a été, dans ce sens, particulièrement utile, car elle confronte les écrits de Mozart avec ceux de sa famille ou de ses amis.

Les lettres de Mozart nous dévoilent tout d'abord sa fantaisie. Il y apparaît toujours enclin à s'amuser et à se répandre en plaisanteries parfois drôles, parfois grivoises ou incompréhensibles. C'est cette fantaisie, qui constitue une des vraies singularités du personnage, que j'ai cherché à illustrer dans la scène qui se déroule au Prater. Son improvisation autour du thème des quilles est fictive, mais elle m'a été inspirée par le bien réel air dit « du ruban », composé un jour où le couple Mozart s'apprêtait à sortir en compagnie d'un ami. Ce ruban indispensable à la toilette de Constanze étant introuvable, les trois amis se mirent à plaisanter, scène qui se termina par l'élaboration d'un savoureux trio vocal. Outre cette nature fantasque, la correspondance de Mozart met en évidence son grand cœur et l'intensité de ses sentiments, notamment envers sa femme à la santé si fragile : son amour s'y montre touchant, sincère – même si l'on sait qu'il ne fut pas exclusif.

Ce naturel aimant et facétieux de Mozart est loin de résumer l'homme : ses courriers révèlent aussi son acharnement au travail et les moments de désespoir que suscitent, parfois, le manque de succès de sa musique, le peu de soutien de la cour de Vienne ou la misère. Car la décision de Mozart de quitter sa place de musicien de cour à Salzbourg a eu de lourdes conséquences : après quelques années d'opulence, les rentrées d'argent se font plus rares, contraignant le compositeur à mendier auprès de ses mécènes et frères de la franc-maçonnerie.

C'est en définitive sur la création musicale elle-même que ses lettres restent le plus discrètes. Le musicien n'a guère laissé d'écrits théoriques sur sa musique et un grand flou entoure la création de la plupart de ses chefs-d'œuvre, y compris *La Flûte enchantée*, son opéra le plus personnel. On ignore notamment si Mozart intervint sur le texte du livret, bien que j'aie retenu cette hypothèse dans le roman du fait de sa proximité avec l'acteur, directeur de théâtre et librettiste Emanuel Schikaneder, et de l'importance qu'il accordait au contenu de cet opéra. La première représentation de *La Flûte enchantée* à Vienne et l'accueil du public furent en revanche commentés à l'époque, ce qui m'a permis de reconstituer cette soirée dans l'avant-dernier chapitre du livre.

On cherchera également en vain dans les lettres de Mozart des éléments attestant de sa remarquable technicité musicale et de sa très grande connaissance de l'harmonie. Ses partitions en restent les meilleurs témoignages. Grâce à ses contemporains, nous savons néanmoins que Mozart était capable de concevoir ses œuvres intégralement de tête, sans tâtonner à l'aide d'instruments, même s'il chantait et jouait parfois des passages de sa musique.

Finalement, il est à noter que Viki ainsi que toute la famille Schweizer sont les purs fruits de mon imagination. Pour autant, ce que l'on sait de la dernière résidence de Mozart, 970 Rauhensteingasse, à Vienne, et de la passion pour la musique qui régnait dans cette ville n'interdit pas d'imaginer une amitié épisodique entre le compositeur et une jeune voisine musicienne.

Que cette courte mise au point me permette enfin d'exprimer un regret : faute de baguette magique, le simple auteur que je suis ne peut offrir à ses lecteurs l'accompagnement musical qui l'aiderait à saisir tout le génie de Wolfgang Amadeus Mozart. Les plus curieux d'entre eux trouveront ci-dessous la liste des œuvres qui ont nourri chacun des chapitres de ce roman. Charge à eux de s'y référer.

Liste des œuvres musicales citées ou évoquées dans le roman

Chapitre 1 : Air du trio Schweizer
Opéra *Così fan tutte* : Acte I, scène 2 (K. 588)

Chapitre 2 : Air du mariage
Sonate pour piano à quatre mains (K. 521)

Chapitre 3 : Air du mouton
Allemande n° 3 (K. 605)
Concerto pour piano n° 27 (K. 595)

Chapitre 4 : Air de la belle-mère
Agnus Dei de la *Messe du couronnement* (K. 317)
Quatuor à cordes n° 21 (K. 575)

Chapitre 5 : Air de l'anniversaire
Opéra *Zaïde*, Acte I, «*Ruhe sanft, mein holdes Leben*» (K. 344)

Chapitre 7 : Air du Tchèque
Opéra *La Flûte enchantée*, Acte I, n° 8 (air des trois garçons) et Acte II, n° 21 (duo de Papageno et Papagena) (K. 620)

Chapitre 8 : Air de la partition
Motet *Ave verum corpus* (K. 618)

Chapitre 9 : Air des amants
Quintette à cordes n° 5 (K. 516)

Chapitre 10 : Air de la révélation
Opéra *La Clémence de Titus* (K. 621)

Chapitre 11 : Air de la Reine de la nuit
Opéra *La Flûte enchantée*, Acte II, n° 14 (air de la Reine de la nuit) (K. 620)

Chapitre 12 : Air de la mort
Kyrie eleison du *Requiem* (K. 626)

Chronologie de la vie de Mozart

27 janvier 1756 : naissance de Johannes Chrysostomus Wolfgang Theophilus, à Salzbourg, ville située alors en Allemagne. Il est le septième enfant de Leopold et Anna Maria Mozart, mais des six précédents seule a survécu Nannerl, son aînée de cinq ans. Son père, violoniste, compositeur et vice-maître de chapelle, leur dispense une éducation sérieuse et variée dans laquelle la musique occupe une grande part.

1762-1766 : la famille Mozart entame une tournée de concerts destinée à faire connaître les deux enfants prodiges en Europe : au cours de ses étapes à Vienne, Bruxelles, Paris, Londres, Amsterdam, Genève, Zurich, elle est reçue par les familles royales ou la noblesse locale. Les prouesses au clavecin de Wolfgang, son incroyable capacité à déchiffrer les partitions, à improviser et même à composer de petites pièces suscitent l'admiration. Les premières commandes suivront. À 12 ans, il compose son premier opéra bouffe, *La Finta simplice*.

1769-1771 : en 1769, Mozart obtient un poste, non rémunéré, de *Konzertmeister* pour le prince-archevêque de Salzbourg. En décembre de la même année, il part avec son père pour l'Italie, pays dont la musique influence toute l'Europe. Mozart, charmé, italianise son prénom Theophilus : il sera désormais Wolfgang Amadeo – ou Amadeus – Mozart.

1972 : en août, Mozart est titularisé comme *Konzertmeister* à la cour de Salzbourg. Il est désormais bien rémunéré compte tenu de ses seize ans.

1773-1776 : Mozart est très pris par sa charge de *Konzertmeister* : il doit composer de la musique sacrée (alors qu'il voudrait écrire des opéras) et jouer à la cour. Parallèlement, il parvient à produire de nombreuses œuvres : quatuors à cordes, concertos et symphonies se succèdent.

1777-1778 : excédé par la manière dont le prince-archevêque de Salzbourg le traite, Mozart démissionne et part en tournée, accompagné de sa mère. À Mannheim, il tombe amoureux d'Aloysia Weber, une jeune cantatrice. Son voyage s'achève à Paris, où sa mère meurt. Cédant aux appels de son père, il rentre à contrecœur à Salzbourg.

1779 : il devient organiste pour le prince-archevêque et compose la *Messe du couronnement*.

1781 : son opéra *Idomenée, roi de Crète* triomphe à Munich. Mozart, conforté dans sa valeur de musicien, quitte définitivement Salzbourg après un violent conflit avec le prince-archevêque. Le 9 mai, il écrit dans une lettre : « Aujourd'hui commence mon bonheur ». Installé à Vienne, il se fiance avec Constanze Weber, âgée de dix-neuf ans, la sœur d'Aloysia. Ils se marieront l'année suivante.

1782 : le succès populaire de *L'Enlèvement au sérail*, un opéra en allemand, excite la jalousie des musiciens de la cour de Vienne.

1784 : Mozart se produit dans de nombreux concerts et obtient une grande reconnaissance du public. Sensible aux valeurs d'égalité et de fraternité de la franc-maçonnerie, il en devient membre. Naissance de son fils Karl Thomas.

1785 : Mozart est à l'apogée de sa réputation. Il gagne bien sa vie, notamment grâce à ses concerts par souscription, pour lesquels les participants s'engagent à verser une participation.

1786 : l'opéra *Les Noces de Figaro* triomphe, mais de manière fugace. Commence une période plus sombre, faite de désillusions.

1787-1788 : Mozart compose l'opéra *Don Giovanni*, qui emporte l'adhésion des Praguois. À Vienne, en revanche, l'empereur Joseph II le juge trop difficile – ce qui ne l'empêche pas de nommer Mozart *Kammercompositeur* (compositeur de la chambre impériale et royale). Le titre est prestigieux, mais le salaire décevant au vu du grand train de vie de Mozart. Les difficultés financières s'accumulent.

1790 : représentation de l'opéra *Così fan tutte*. La mort de Joseph II limite son succès. Mozart, dont la santé se met à chanceler, sollicite en vain son successeur, Léopold II.

1791 : Mozart travaille à l'opéra *La Flûte enchantée* avec le directeur de théâtre et acteur Emanuel Schikaneder. Naissance de Franz Xaver Wolfgang, qui sera avec Karl le seul des six enfants du couple à survivre. Soudain, les commandes pleuvent, contraignant Mozart à un travail acharné durant tout l'été et l'automne : en juillet, il travaille à un requiem pour répondre à une commande anonyme entourée de mystère. En août, le Théâtre national de Prague lui demande la musique du couronnement de Léopold II : ce sera *La Clémence de Titus*. Le 30 septembre, la représentation de *La Flûte enchantée* est un succès, qui ne se démentira pas et laisse espérer à Mozart la fin de ses ennuis financiers. Mais en octobre sa santé se dégrade. Le 5 décembre, il meurt, à trente-cinq ans, en laissant inachevé son *Requiem*. Faute de moyens, son enterrement est très modeste.

Remerciements

Je tiens à remercier particulièrement Anne-Charlotte Beligné et Guénola Boutan, l'une pour ses « leçons de chant » et l'autre pour ses appréciations avisées de pianiste. Je voudrais également témoigner ma gratitude à Viktoria Rust, qui, de Berlin, a suppléé à ma méconnaissance de l'allemand, ainsi qu'à Delphine Froeliger, dont les encouragements m'ont soutenue au moment opportun. Enfin, qu'Anne-Sophic de Monsabert reçoive toute ma reconnaissance pour son travail de correctrice bienveillant et rigoureux, quelles que soient les circonstances…

TABLE DES MATIÈRES

Flore Talamon

Je suis née à Paris, dans une famille d'éditeurs. Aussi loin que je me souvienne, le livre est là, fascinant réservoir d'histoires mais aussi espèce prolifique envahissant la maison par piles de taille toujours croissante. Après quelques années passées dans le conseil et l'entreprise, je me suis tournée vers l'écriture et ai accompli mes premiers pas dans le journalisme, la bande dessinée et les romans pour la jeunesse. J'ai maintenant publié une dizaine de romans, dont la plupart sont historiques : j'aime plonger dans une époque et entrelacer des faits bien réels avec les flâneries de mon imagination. Après le siècle des Lumières, l'Antiquité, la Guerre de Bosnie… voici Mozart. J'espère, dans cette approche toute personnelle, avoir su capturer quelques traits de son œuvre aussi lumineuse qu'inspirée.

Quelques ouvrages du même auteur :

AUX ÉDITIONS NATHAN

Noé, face au déluge, coll. Histoires de la Bible
Eve, la ruse du serpent, coll. Histoires de la Bible
L'encrier du Diable (écrit avec Laure Bazire)
La plume de l'ange (écrit avec Laure Bazire)
Entre deux feux, Sarajevo 1995, coll. Les Romans de la mémoire
Le singe de Buffon (écrit avec Laure Bazire)

FSC www.fsc.org
MIXTE
Papier issu de sources responsables
FSC® C022030

N° éditeur : 10188380 – Dépôt légal : avril 2013
Imprimé en France - JOUVE, 1, rue du Docteur Sauvé, 53100 Mayenne
N° 2074807H